現場に活かす

保育所保育指針
実践ガイドブック

社会福祉法人日本保育協会　監修

中央法規

監修のことば

　わが国では、少子・高齢化が急速に進行し、社会全体に与える影響が懸念されています。子どもを産み育てることに希望がもたれ、その希望がかなうようにするためには、子ども・子育て支援、とりわけ保育のさらなる充実を進めることが必要です。

　保育の問題はかつてないほど、国民の間でも議論を呼び、ここ数年来、子ども・子育て支援新制度の創設、待機児童の問題、子どもの数が減少している地域での保育の確保など、保育をめぐる課題に休むことなく対応が迫られています。

　一方で、国においては、待機児童の解消のための量的な拡充だけではなく、保育士等の処遇改善など、保育の質の向上のための予算の充実が図られてきています。また、保育の質を高めていくためには、保育内容の評価、働きやすい環境づくりなど、知恵と工夫を出し合うことも必要であると考えます。

　これらの状況のもと、今回改正された保育所保育指針の方向性は、①乳児・１歳以上３歳未満児の保育に関する記載の充実、②保育所保育における幼児教育の積極的な位置づけ、③子どもの育ちをめぐる環境の変化をふまえた「健康及び安全」の記載の見直し、④保護者・家庭および地域と連携した子育て支援の必要性、⑤職員の資質・専門性の向上となっています。

　本書は、保育所保育指針の方向性をふまえ、現場でどのような保育が展開されるべきかをわかりやすく、現場の言葉に落とし込んで解説したものであり、併せて、幼保連携型認定こども園教育・保育要領の改正に関するポイントも収載しており、幅広く活用できるものとなっています。

　本書が現場の保育士等の皆様に広く読まれ、現場の実践に役立つことを願っています。

社会福祉法人　日本保育協会

CONTENTS

- 監修のことば

序 文 ● 「保育所保育指針」改正のポイント　馬場耕一郎　……… 1

第1章 総則 …………………… 7
大方美香

1 ● 保育所保育に関する基本原則 ………………… 8
2 ● 養護に関する基本的事項 …………………… 16
3 ● 保育の計画及び評価 ………………………… 24
4 ● 幼児教育を行う施設として共有すべき事項 … 39

第2章 保育の内容 ……………… 47

1 ● 乳児保育に関わるねらい及び内容 …………… 48
　　髙木早智子
2 ● 1歳以上3歳未満児の
　　保育に関わるねらい及び内容 ……………… 63
　　髙木早智子
3 ● 3歳以上児の保育に関するねらい及び内容 … 94
　　竹内勝哉
4 ● 保育の実施に関して留意すべき事項 ……… 133
　　竹内勝哉

第3章 健康及び安全 …………… 139

1 ● 子どもの健康支援 …………………………… 140
　　和田紀之

2 ● 食育の推進 …………………………………… 146
   堤ちはる
3 ● 環境及び衛生管理並びに安全管理 ………… 151
   松井剛太
4 ● 災害への備え ………………………………… 155
   千葉武夫

第4章　子育て支援 ……………… 161
橋本真紀

1 ● 保育所における子育て支援に関する
    基本的事項 …………………………………… 162
2 ● 保育所を利用している保護者に対する
    子育て支援 …………………………………… 166
3 ● 地域の保護者等に対する子育て支援 ……… 170

第5章　職員の資質向上 ………… 175

1 ● 職員の資質向上に関する基本的事項 ……… 176
   清水益治
2 ● 施設長の責務 ………………………………… 180
   清水益治
3 ● 職員の研修等 ………………………………… 184
   石川昭義
4 ● 研修の実施体制等 …………………………… 188
   石川昭義

補章　「幼保連携型認定こども園教育・保育要領」改正のポイント ……193
砂上史子

「保育所保育指針」改正のポイント

　2017（平成29）年3月31日に新しい保育所保育指針（以下、保育指針）が大臣告示され、1年間の周知期間をおいて、2018（平成30）年4月1日から施行されます。1965（昭和40）年に保育所保育のガイドラインとして制定され、1990（平成2）年、2000（平成12）年、2008（平成20）年の改正を経て、このたび、4度目の改正となりました。

　今回の改正では、乳児・1歳以上3歳未満児に関する保育の記載の充実を図りました。また、幼児教育の積極的な位置づけを行ったことは画期的であり、保育所の質の向上につながることになります。

改正の背景

　「すべての子どもに質の高い教育・保育を提供することを目標に」、2015（平成27）年4月より、子ども・子育て支援新制度が施行されました。

　今回の改正にあたっては、社会情勢の変化（特に保育所の利用児童数の増加、子ども・子育て支援新制度の施行、児童虐待対応件数の増加等）、および同時期に審議された幼稚園教育要領の改正に向けた検討の状況等をふまえて検討を行いました。

改正の内容

　保育の内容の質を高める観点から、この保育指針において規定される保育の内容にかかる基本原則に関する事項等をふまえ、各保育所の実情に応じて創意工夫を図り、保育所の機能および質の向上に努めなければならないとなっています。

● **第1章　総則**

　改正前の保育指針における「第1章　総則」をほぼそのまま示した部分です。保育所保育の本質に関する部分である「環境を通して行う保育」「生活や遊びを通しての総合的な保育」「養護と教育の一体性」などは踏襲(とうしゅう)されました。

　また、2016（平成28）年の児童福祉法改正において、第1条に「児童の権利に関する条約の精神にのっとり…」と定められたこともふまえ、子どもを権利の主体としてとらえ、その人格や権利を尊重(そんちょう)することについては、保育所内で改めて認識を共有することが重要です。

　「全体的な計画」は、保育所保育の全体像を包括的に示す、最も基本的な計画のことです。保育の目標を達成するために、理念や方

第1章　総則	第3章　健康及び安全
1　保育所保育に関する基本原則 2　養護に関する基本的事項 3　保育の計画及び評価 4　幼児教育を行う施設として共有すべき事項	1　子どもの健康支援 2　食育の推進 3　環境及び衛生管理並びに安全管理 4　災害への備え
第2章　保育の内容	第4章　子育て支援
1　乳児保育に関わるねらい及び内容 2　1歳以上3歳未満児の保育に関わるねらい及び内容 3　3歳以上児の保育に関わるねらい及び内容 4　保育の実施に関して留意すべき事項	1　保育所における子育て支援に関する基本的事項 2　保育所を利用している保護者に対する子育て支援 3　地域の保護者等に対する子育て支援
	第5章　職員の資質向上
	1　職員の資質向上に関する基本的事項 2　施設長の責務 3　職員の研修等 4　研修の実施体制等

図1　保育所保育指針

図2　幼児期の終わりまでに育ってほしい姿

針に基づく在籍期間全体を通した長期的な子どもの発達とねらいおよび内容を、全体的な計画に示します。

　また、「全体的な計画」と改正前の保育指針における「保育課程」は、ほぼ同じ位置づけです。「保育課程」と幼稚園教育要領等の整合性を図り、就学前の教育・保育を行う施設として、同じ「全体的な計画」としました。保育の計画の全体的な構造は、これまでと変わりません。

　「幼児期の終わりまでに育ってほしい姿」とは、第2章に示す「ねらい及び内容」に基づいて、各保育所で、乳幼児期にふさわしい遊びや生活を積み重ねることにより浮かび上がってくる、保育所保育において育みたい資質・能力が身についている子どもの具体的な姿であり、特に卒園を迎える年度の後半にみられるようになる姿ととらえています。

　これらの「姿」を念頭におきながら、遊びのなかで子どもが発達していく姿をとらえ、遊びのなかで子どもがそれぞれの発達に必要な体験を得られるように状況をつくり、必要な援助を行います。これらは実際保育を行う際に考慮することが大切で、一人ひとりの発達の特性に応じて、図2の10項目を通して子どもの育ちの姿をとらえることが求められています。

●第2章　保育の内容

　保育の「ねらい及び内容」は、乳幼児期にふさわしい経験が積み重ねられるよう、発達過程に即して3つの時期に分けて記載されています。「内容の取扱い」は、幼稚園教育要領等との整合性をとり、今回はじめて記載されました。

　乳児は、感覚や運動機能など身体を通して主体的に環境とのかかわりを広げていく時期です。身近な大人との愛着関係を形成し、これを心のよりどころとして、人への基本的信頼感を培っていくため、保育士等が受容的、応答的にかかわることが、発達を支えうながすうえできわめて重要です。また、安全が保障され、安心して過ごせるよう配慮された環境のもと、生活や遊びの充実が図られることが必要です。

　そのなかで身体的・社会的・精神的発達の基盤が培われるため、こうした乳児の育ちを尊重し、「健やかに伸び伸びと育つ」「身近な人と気持ちが通じ合う」「身近なものと関わり感性が育つ」という3つの視点が導き出されました。これら3つの視点とともに、養護および教育の一体性を特に強く意識して保育を行うことが必要です。

●第3章　健康及び安全

　子どもの生命と心の安定が保たれ、健やかな生活が確立されることは、日々の保育の基本です。保育所は、子どもが集団で生活する場であり、保育所における健康と安全は、一人ひとりの子どもに加えて、集団の子どもの健康と安全から成り立っています。

　東日本大震災等の震災を経験し、安全に対する社会的意識が高まり、今回の保育指針では「災害への備え」を新設しています。子どもの生命を守るため、平時からの備えや危機管理体制づくりなどを行政機関や地域の関係機関と連携し、災害発生時の対応を保護者と

共有することが大切です。

また、アレルギー疾患への対応に関しては、「医師の診断及び指示に基づき、適切に対応」という旨を明記しました。

●第4章　子育て支援

「第1章　総則」の1の「（1）保育所の役割」において、保育所の子育て支援を位置づけています。節の構成は大きく変わっていませんが、子ども・子育て支援新制度のもと、さまざまな地域の子育て支援を担う組織や団体等が登場するなかで、保育所が担う子育て支援の役割や機能を整理しています。また、関係機関との協働や連携について、記載の充実を図っています。

●第5章　職員の資質向上

質の向上についてはこれまでと同様、職員の自己研鑽（けんさん）や保育所としての理念や基本的考え方をふまえたうえで、研修機会の充実など、組織として資質向上に取り組むための方法を明示しています。職員一人ひとりの資質や専門性、本人の意向や長期的展望をふまえることが大切です。

また、保育所全体としての質の向上を見据え、これらを総合的にふまえて研修を組織的に行い、職員それぞれのキャリアパスを見据えて本人の納得感を得られるようにすることが、実効性を高めるうえで重要です。

第1章

総則

　この指針は、児童福祉施設の設備及び運営に関する基準（昭和23年厚生省令第63号。以下「設備運営基準」という。）第35条の規定に基づき、保育所における保育の内容に関する事項及びこれに関連する運営に関する事項を定めるものである。各保育所は、この指針において規定される保育の内容に係る基本原則に関する事項等を踏まえ、各保育所の実情に応じて創意工夫を図り、保育所の機能及び質の向上に努めなければならない。

1 保育所保育に関する基本原則

(1) 保育所の役割

ア　保育所は、児童福祉法（昭和22年法律第164号）第39条の規定に基づき、保育を必要とする子どもの保育を行い、その健全な心身の発達を図ることを目的とする児童福祉施設であり、入所する子どもの最善の利益を考慮し、その福祉を積極的に増進することに最もふさわしい生活の場でなければならない。

イ　保育所は、その目的を達成するために、保育に関する専門性を有する職員が、家庭との緊密な連携の下に、子どもの状況や発達過程を踏まえ、保育所における環境を通して、養護及び教育を一体的に行うことを特性としている。

ウ　保育所は、入所する子どもを保育するとともに、家庭や地域の様々な社会資源との連携を図りながら、入所する子どもの保護者に対する支援及び地域の子育て家庭に対する支援等を行う役割を担うものである。

エ　保育所における保育士は、児童福祉法第18条の4の規定を踏まえ、保育所の役割及び機能が適切に発揮されるように、倫理観に裏付けられた専門的知識、技術及び判断をもって、子どもを保育するとともに、子どもの保護者に対する保育に関する指導を行うものであり、その職責を遂行するための専門性の向上に絶えず努めなければならない。

(2) 保育の目標

ア　保育所は、子どもが生涯にわたる人間形成にとって極めて重要な時期に、その生活時間の大半を過ごす場である。このため、保育所の保育は、子どもが現在を最も良く生き、望ましい未来をつくり出す力の基礎を培うために、次の目標を目指して行わなければならない。

(ｱ)　十分に養護の行き届いた環境の下に、くつろいだ雰囲気の中で子どもの様々な欲求を満たし、生命の保持及び情緒の安定を図ること。

(ｲ)　健康、安全など生活に必要な基本的な習慣や態度を養い、心身の健康の基礎を培うこと。

(ｳ)　人との関わりの中で、人に対する愛情と信頼感、そして人権を大切にする心を育てるとともに、自主、自立及び協調の態度を養い、道徳

性の芽生えを培うこと。
　㈣　生命、自然及び社会の事象についての興味や関心を育て、それらに対する豊かな心情や思考力の芽生えを培うこと。
　㈤　生活の中で、言葉への興味や関心を育て、話したり、聞いたり、相手の話を理解しようとするなど、言葉の豊かさを養うこと。
　㈥　様々な体験を通して、豊かな感性や表現力を育み、創造性の芽生えを培うこと。
イ　保育所は、入所する子どもの保護者に対し、その意向を受け止め、子どもと保護者の安定した関係に配慮し、保育所の特性や保育士等の専門性を生かして、その援助に当たらなければならない。

(3) 保育の方法

　保育の目標を達成するために、保育士等は、次の事項に留意して保育しなければならない。
ア　一人一人の子どもの状況や家庭及び地域社会での生活の実態を把握するとともに、子どもが安心感と信頼感をもって活動できるよう、子どもの主体としての思いや願いを受け止めること。
イ　子どもの生活のリズムを大切にし、健康、安全で情緒の安定した生活ができる環境や、自己を十分に発揮できる環境を整えること。
ウ　子どもの発達について理解し、一人一人の発達過程に応じて保育すること。その際、子どもの個人差に十分配慮すること。
エ　子ども相互の関係づくりや互いに尊重する心を大切にし、集団における活動を効果あるものにするよう援助すること。
オ　子どもが自発的・意欲的に関われるような環境を構成し、子どもの主体的な活動や子ども相互の関わりを大切にすること。特に、乳幼児期にふさわしい体験が得られるように、生活や遊びを通して総合的に保育すること。
カ　一人一人の保護者の状況やその意向を理解、受容し、それぞれの親子関係や家庭生活等に配慮しながら、様々な機会をとらえ、適切に援助すること。

(4) 保育の環境

　保育の環境には、保育士等や子どもなどの人的環境、施設や遊具などの物的環境、更には自然や社会の事象などがある。保育所は、こうした人、物、場などの環境が相互に関連し合い、子どもの生活が豊かなものとなるよう、次の事項に留意しつつ、計画的に環境を構成し、工夫して保育しなければならない。

ア　子ども自らが環境に関わり、自発的に活動し、様々な経験を積んでいくことができるよう配慮すること。

イ　子どもの活動が豊かに展開されるよう、保育所の設備や環境を整え、保育所の保健的環境や安全の確保などに努めること。

ウ　保育室は、温かな親しみとくつろぎの場となるとともに、生き生きと活動できる場となるように配慮すること。

エ　子どもが人と関わる力を育てていくため、子ども自らが周囲の子どもや大人と関わっていくことができる環境を整えること。

(5) 保育所の社会的責任

ア　保育所は、子どもの人権に十分配慮するとともに、子ども一人一人の人格を尊重して保育を行わなければならない。

イ　保育所は、地域社会との交流や連携を図り、保護者や地域社会に、当該保育所が行う保育の内容を適切に説明するよう努めなければならない。

ウ　保育所は、入所する子ども等の個人情報を適切に取り扱うとともに、保護者の苦情などに対し、その解決を図るよう努めなければならない。

• 解 説 •

「1　保育所保育に関する基本原則」の記載内容について、(1)保育所の役割は一部変更となっています。(2)保育の目標、(3)保育の方法、(4)保育の環境、(5)保育所の社会的責任については、2008（平成20）年の旧保育所保育指針の文章と変わっていません。

「(1) 保育所の役割」の変更の1つは、2015（平成27）年4月の児童福祉法改正により、「保育に欠ける乳児・幼児」の保育を行いから「保育を必要とする乳児・幼児」の保育を行いに変わっているところです。すなわち、保育所は児童福祉施設であり、入所する子どもの最善の利益を考慮し、その福祉を積極的に増進するということは、保育所保育指針（以下、保育指針）の根幹をなす理念となります。入所する子どもにとって、保育所が「最もふさわしい生活

の場でなければならない」として、すべての子どもが健全に育成されるよう、子どもを中心に、その福祉の保障等の内容が明確化されています。

　こうしたことをふまえ、子どもがさまざまな人と出会い、かかわり、心を通わせながら成長していくためには、保育所を乳幼児期にふさわしい生活の場として豊かにつくりあげていくことが重要であり、そうした役割や機能が求められています。また、保育所には、保育の専門性を有する保育士をはじめ、看護師や栄養士、調理員など、職員がそれぞれの有する専門性を発揮して保育にあたっています。ですから保育所の職員は、各々の職種における専門性を認識するとともに、保育における子どもや保護者等とのかかわりのなかで、常に自己を省察し、次の保育に活かしていくことが重要です。

　今回の保育指針では、改正前の「第2章　子どもの発達」が章としてはなくなっていますが、「子どもの発達を考えなくてよい」といっているわけではありません。これは、暦年齢だけで発達を理解するのではなく、家庭における生活はどのようであったかという子ども理解、すなわちアセスメントが必要だということです。子どもは、周囲のさまざまな人との相互的かかわりを通して育つことに留意することが大切です。

　「家庭との連携」や「発達過程」「環境を通して行う保育」「養護と教育の一体性」については、今回も重視されています。保育所は「保育を必要とする子どもの保育」を行う場所であると定義されたことで、入所する子どもの保護者への支援とともに、地域の子育て家庭に対する支援の役割も担います。現在は地域社会や家庭において、育児についての見聞や経験が乏しい人が増えている一方で、身近に相談相手がなく、子育て家庭が孤立しがちとなっています。安心・安全で親子を温かく受け入れてくれる施設として、保育所の役

割はますます期待されているのです。また、保育所の子育て支援は、児童虐待防止の観点からも、重要なものと位置づけられています。

「（1）保育所の役割」の変更の2つ目は、「保育所における保育士は…その職責を遂行するための専門性の向上に絶えず努めなければならない」と新たに記載されたことです。保育所における保育士としての職責を遂行していくためには、日々の保育業務を通じて自己を省察するとともに、同僚と協働し、ともに学び続けていく姿勢が求められています。幅広い観点から子どもに対する理解を深め、子どもや子育て家庭の実態や社会の状況をとらえながら、自らの行う保育と保護者に対する支援の質を高めていくことができるよう、常に専門性の向上に努めることが重要です。

そのため、「第5章　職員の資質向上」には、「1　職員の資質向上に関する基本的事項」に「（1）保育所職員に求められる専門性」「（2）保育の質の向上に向けた組織的な取組」が明記され、「2　施設長の責務」に「（1）施設長の責務と専門性の向上」「（2）職員の研修機会の確保等」が明記されています。

さらに「3　職員の研修等」には、「（1）職場における研修」「（2）外部研修の活用」が具体化され、「4　研修の実施体制等」として「（1）体系的な研修計画の作成」「（2）組織内での研修成果の活用」「（3）研修の実施に関する留意事項」が加わりました。いずれも、総則に新たに記載された「保育所における保育士は…その職責を遂行するための専門性の向上に絶えず努めなければならない」を反映したものです。

1 保育所保育に関する基本原則

・ 実践の工夫 ・

　子どもは、保育所に入所するまでの体験をもとに環境にはたらきかけ、さまざまな環境との相互作用によって発達します。保育においては、子どもの育つ道筋やその特徴をふまえ、発達の個人差に留意します。また、一人ひとりの心身の状態や家庭生活の状況などをふまえて、個別にていねいに応答していくことが重要です。2008（平成20）年の告示時と比べて、大人の社会は大きく変化しています。その結果、子どもの生活や育ちも変化していることから、実態を把握した子ども理解、すなわちアセスメントが必要です。

　乳幼児期は、生活のなかで自らの興味や欲求に基づいて周囲の環境にかかわるという直接的な体験を通じて、全体として心身が育っていきます。昨日まで他者とどのように出会ってきたのか、どのように言葉を交わしてきたのか、さまざまな物に触れて感覚は育ってきたのか、何をどのような環境で食べてきたのか等、振り返って考えることが専門職として必要です。そのうえで、この子どもにとってはどのような体験が必要かを考え、子ども一人ひとりの状況によって計画的に保育の環境を構成することが大切です。

　保育所は「保育を必要とする子どもの保育を行い」に改正された

ことから、入所する子どもの保護者の支援とともに、地域の子育て家庭に対する支援の役割も担うことが求められていることは、子育て支援がより必要な家庭養育になったと考えなければなりません。

　また、「（2）保育の目標（ウ）人との関わり」における「人に対する愛情と信頼感、そして人権を大切にする心を育てるとともに、自主、自立及び協調の態度を養い、道徳性の芽生えを培うこと」は変わっていませんが、「第2章　保育の内容」には「乳児保育・1歳以上3歳未満児の保育」が明確に位置づけられました。

　これは総則の目標ともつながっていて、3歳未満児の保育実践では、特に、ありのままに愛される基本的信頼感、自己肯定感の育ちが必要です。そのためにも、子どもの行為に寄り添い、応答してくれる保育士等の存在が不可欠です。

　また、外から見える認知的能力だけではなく、内面性、外から見えない非認知的能力[*1]への意識が求められています。

[*1] 学業やテストの成績において必要とされる「認知能力」に対して、協調性や自尊心、外向性など、認知的でない能力を指す。OECDのレポートでは「長期的目標の達成」「他者との協働」「感情を管理する能力」の3つの側面に対する思考、感情、行動のパターンを「社会情緒的スキル」としている。

2 養護に関する基本的事項

(1) 養護の理念

　保育における養護とは、子どもの生命の保持及び情緒の安定を図るために保育士等が行う援助や関わりであり、保育所における保育は、養護及び教育を一体的に行うことをその特性とするものである。保育所における保育全体を通じて、養護に関するねらい及び内容を踏まえた保育が展開されなければならない。

(2) 養護に関わるねらい及び内容

　ア　生命の保持
　　(ア)　ねらい
　　　① 一人一人の子どもが、快適に生活できるようにする。
　　　② 一人一人の子どもが、健康で安全に過ごせるようにする。
　　　③ 一人一人の子どもの生理的欲求が、十分に満たされるようにする。
　　　④ 一人一人の子どもの健康増進が、積極的に図られるようにする。
　　(イ)　内容
　　　① 一人一人の子どもの平常の健康状態や発育及び発達状態を的確に把握し、異常を感じる場合は、速やかに適切に対応する。
　　　② 家庭との連携を密にし、嘱託医等との連携を図りながら、子どもの疾病や事故防止に関する認識を深め、保健的で安全な保育環境の維持及び向上に努める。
　　　③ 清潔で安全な環境を整え、適切な援助や応答的な関わりを通して子どもの生理的欲求を満たしていく。また、家庭と協力しながら、子どもの発達過程等に応じた適切な生活のリズムがつくられていくようにする。
　　　④ 子どもの発達過程等に応じて、適度な運動と休息を取ることができるようにする。また、食事、排泄、衣類の着脱、身の回りを清潔にすることなどについて、子どもが意欲的に生活できるよう適切に援助する。

イ　情緒の安定
　㋐　ねらい
　　①　一人一人の子どもが、安定感をもって過ごせるようにする。
　　②　一人一人の子どもが、自分の気持ちを安心して表すことができるようにする。
　　③　一人一人の子どもが、周囲から主体として受け止められ、主体として育ち、自分を肯定する気持ちが育まれていくようにする。
　　④　一人一人の子どもがくつろいで共に過ごし、心身の疲れが癒されるようにする。
　㋑　内容
　　①　一人一人の子どもの置かれている状態や発達過程などを的確に把握し、子どもの欲求を適切に満たしながら、応答的な触れ合いや言葉がけを行う。
　　②　一人一人の子どもの気持ちを受容し、共感しながら、子どもとの継続的な信頼関係を築いていく。
　　③　保育士等との信頼関係を基盤に、一人一人の子どもが主体的に活動し、自発性や探索意欲などを高めるとともに、自分への自信をもつことができるよう成長の過程を見守り、適切に働きかける。
　　④　一人一人の子どもの生活のリズム、発達過程、保育時間などに応じて、活動内容のバランスや調和を図りながら、適切な食事や休息が取れるようにする。

2 養護に関する基本的事項

・解説・

　まず、「第1章　総則」のなかに、新たに「2　養護に関する基本的事項（1）養護の理念」という項目が記載されました。このことは、保育指針として「養護」の考え方を軸として取り組むことを強調していると考えられます。2008（平成20）年告示の旧保育指針では、「第3章　保育の内容」に「保育士等が、「ねらい」及び「内容」を具体的に把握するための視点として、「養護に関わるねらい及び内容」と「教育に関わるねらい及び内容」との両面から示しているが、実際の保育においては、養護と教育が一体となって展開されることに留意することが必要である。」と記載されていました。今回の改正では、「2　養護に関する基本的事項（2）養護に関わるねらい及び内容」として総則に位置づけられています。

変更の1つ目は、「2　養護に関する基本的事項（1）養護の理念」が新たに加わったことです。その内容として「保育における養護とは、子どもの生命の保持及び情緒の安定を図るために保育士等が行う援助や関わりであり、保育所における保育は、養護及び教育を一体的に行うことをその特性とするものである。保育所における保育全体を通じて、養護に関するねらい及び内容を踏まえた保育が展開されなければならない。」と記載されています。このことは、旧保育指針の総則にある「保育の目標　ア（ア）十分に養護の行き届いた環境の下に、くつろいだ雰囲気の中で子どもの様々な欲求を満たし、生命の保持及び情緒の安定を図ること」と関連しています。

　保育所保育は、今まで以上に長時間保育、長期間保育となっています。この実情を鑑みたとき、子どもにとって、保育所は生活とともに、学びの場所としての保育でなければなりません。すなわち、養護の大切さを軸とした保育実践が必要です。子どもがこの時期にどのような体験をすることが大切かを考えたとき、「養護」は単なる言葉ではなく、生活のなかで気づいたり、発見したり、ほっとしたりするような自然環境、物的環境、そして人的環境が必要です。保育における養護とは、子どもたちの生命を保持し、その情緒の安定を図るための保育士等による配慮やはたらきかけを総称するものです。心身の機能の未熟さを抱える乳幼児期の子どもが、その子らしさを発揮しながら心豊かに育つためには、子どもを深く愛し、守り、支えようとする保育士等の姿勢が欠かせません。そのため、養護は保育所保育の環境の要件となっています。

　養護と教育を一体的に展開することは、保育士等が子どもを一人の人間として尊重し、その命を守り、情緒の安定を図りつつ、乳幼児期にふさわしい経験が積み重ねられていくようていねいに援助す

ることを指します。これは乳幼児期の保育において最大の原則です。子どもは自分の存在を受け止めてもらえる保育士等や友だちとの安定した関係のなかで、自ら環境にかかわり、興味や関心を広げ、さまざまな活動や遊びにおいて心を動かされる豊かな体験を重ねながら、新たな能力を獲得していきます。乳幼児期の発達の特性をふまえて養護と教育が一体的に展開され、保育の内容が豊かに繰り広げられていくためには、子どものかたわらにいる保育士等が子どもの心をしっかりと受け止め、応答的なやりとりを重ねながら、子どもの育ちを見通して、援助していくことが大切です。

　変更の2つ目は、「ア　生命の保持（イ）内容④子どもの発達過程等に応じて、適度な運動と休息を取ることができるようにする。また、食事、排泄、衣類の着脱、身の回りを清潔にすることなどについて、子どもが意欲的に生活できるよう適切に援助する。」という文章です。ここでは睡眠への記載がありません。そこで、「寝なければならない」という概念ではなく、「急がせることなく、子どもの様子をよく見て、一人ひとりの子どもにとって適切な時期に適切な援助をしていくこと」が求められます。

　また、「イ　情緒の安定（ア）ねらい④一人一人の子どもがくつろいで共に過ごし、心身の疲れが癒されるようにする。」という部分が変更になりました。「くつろいで共に過ごし」という言葉には、身体の発育とともに、心の育ちにも十分に目を向け、子どもの気持ちに応え、手を携え、言葉をかけ、共感しながら、一人ひとりの存在を認めていくことが大切であることが示されています。このような保育士等のかかわりにより、子どもはありのままの自分を受け止めてもらえることの心地よさを味わい、保育士等への信頼をよりどころとして、心の土台となる個性豊かな自我を形成していきます。

いずれも「養護に関わるねらい及び内容」は、1の（2）に示される保育の目標の「(ア)十分に養護の行き届いた環境の下に、くつろいだ雰囲気の中で子どもの様々な欲求を満たし、生命の保持及び情緒の安定を図ること」を具体化したものです。これは「生命の保持」にかかわるものと「情緒の安定」にかかわるものに分けて示されています。健康や安全等、生活に必要な基本的な生活習慣や態度を身につけることは、子どもが自分の生活を律し、主体的に生きる基礎となるものです。保育士等は見通しをもって、子どもにわかりやすい方法でやり方を示す等、適切な援助を行い、一人ひとりの子どもが達成感を味わうことができるようにします。

　子どもが、自信や満足感をもち、もっとやってみようとする意欲を高めていくことが重要です。

　また、保育士等が子どもの状態を把握し、心身の疲れが癒されるよう配慮することも必要です。子どもの情緒の安定を図り、その心の成長に寄り添い支えながら、保育所全体で子ども主体の保育を実践していくことが大切です。情緒の安定にかかわる保育の内容は、生命の保持と相互に密接に関連するとともに、領域「人間関係」に示されている事項とも深くかかわることに留意しましょう。また、新たな計画を立てるうえでも、養護と教育の視点を明確にもつことが重要です。

2 養護に関する基本的事項

・ 実践の工夫 ・

全体的な計画における「くつろいだ時間・空間」の確保

　子どもが長時間保育、長期間の在籍をする保育所の保育は、人との関係性をぬきに生活できません。子どもにとって、また保育士等にとっても、この時間、空間でどのように生活するかを考えるとき、「くつろいだ」という言葉は「だらしない」ではなく、「急がない」でもありません。一日のなかで元気いっぱい走り回るような活発な活動があってもいい、しかし「ほっと空を眺めること」もあっていいのです。

　子どもは、「今日は、いい天気だね」という大人の一言から、言ってもらう豊かな言葉や環境から、「天気」という自然事象に気づき、変化を感じ、天気にはさまざまな状況や言葉があることを学びます。「はれ・くもり・あめ・ゆき・かぜ…」、平行して、必要なもの「かさ・長靴・レインコート…」、生活の変化「こたつ、クーラー、暖房器具、扇風機、うちわ…」、天気と食事の関係や変化も感じるのです。近年、人手不足の保育所は、「今日は、いい天気だね」と、保育士等がくつろいで空を眺める時間が確保されているのでしょうか。

養護とは、生活全体のなかで保育士等が気づいたこと、感じたことを子どもにどのように伝えていくかというまなざしや心もちです。一日の核となる時間に「歌を歌う、絵を描く、リズムに合わせて手足や体を動かす、あやし遊びをする…」といったことも大切ですが、そのほかの生活時間・空間をどのように過ごすのかを考えることが大切です。

　養護を軸としたとき、一日の生活の流れにかえて、くつろぐ時間や活発に過ごす時間などへの配慮を意識することが「養護と教育」の視点の明確化にもなります。「養護と教育」「生命の保持及び情緒の安定」は、実践では常に一体的に提供されていることも忘れてはなりません。保育所では、子どもが安心して過ごせる時間・空間・人との関係性が最善の利益として保障されること、家庭養育が困難であっても保育所では癒されること、児童福祉施設としての役割と養護への理解が大切です。

3 保育の計画及び評価

(1) 全体的な計画の作成

ア　保育所は、1の（2）に示した保育の目標を達成するために、各保育所の保育の方針や目標に基づき、子どもの発達過程を踏まえて、保育の内容が組織的・計画的に構成され、保育所の生活の全体を通して、総合的に展開されるよう、全体的な計画を作成しなければならない。

イ　全体的な計画は、子どもや家庭の状況、地域の実態、保育時間などを考慮し、子どもの育ちに関する長期的見通しをもって適切に作成されなければならない。

ウ　全体的な計画は、保育所保育の全体像を包括的に示すものとし、これに基づく指導計画、保健計画、食育計画等を通じて、各保育所が創意工夫して保育できるよう、作成されなければならない。

(2) 指導計画の作成

ア　保育所は、全体的な計画に基づき、具体的な保育が適切に展開されるよう、子どもの生活や発達を見通した長期的な指導計画と、それに関連しながら、より具体的な子どもの日々の生活に即した短期的な指導計画を作成しなければならない。

イ　指導計画の作成に当たっては、第2章及びその他の関連する章に示された事項のほか、子ども一人一人の発達過程や状況を十分に踏まえるとともに、次の事項に留意しなければならない。

　(ｱ)　3歳未満児については、一人一人の子どもの生育歴、心身の発達、活動の実態等に即して、個別的な計画を作成すること。

　(ｲ)　3歳以上児については、個の成長と、子ども相互の関係や協同的な活動が促されるよう配慮すること。

　(ｳ)　異年齢で構成される組やグループでの保育においては、一人一人の子どもの生活や経験、発達過程などを把握し、適切な援助や環境構成ができるよう配慮すること。

ウ　指導計画においては、保育所の生活における子どもの発達過程を見通し、生活の連続性、季節の変化などを考慮し、子どもの実態に即した具体的なねらい及び内容を設定すること。また、具体的なねらいが達成さ

れるよう、子どもの生活する姿や発想を大切にして適切な環境を構成し、子どもが主体的に活動できるようにすること。
エ 一日の生活のリズムや在園時間が異なる子どもが共に過ごすことを踏まえ、活動と休息、緊張感と解放感等の調和を図るよう配慮すること。
オ 午睡は生活のリズムを構成する重要な要素であり、安心して眠ることのできる安全な睡眠環境を確保するとともに、在園時間が異なることや、睡眠時間は子どもの発達の状況や個人によって差があることから、一律とならないよう配慮すること。
カ 長時間にわたる保育については、子どもの発達過程、生活のリズム及び心身の状態に十分配慮して、保育の内容や方法、職員の協力体制、家庭との連携などを指導計画に位置付けること。
キ 障害のある子どもの保育については、一人一人の子どもの発達過程や障害の状態を把握し、適切な環境の下で、障害のある子どもが他の子どもとの生活を通して共に成長できるよう、指導計画の中に位置付けること。また、子どもの状況に応じた保育を実施する観点から、家庭や関係機関と連携した支援のための計画を個別に作成するなど適切な対応を図ること。

(3) 指導計画の展開

指導計画に基づく保育の実施に当たっては、次の事項に留意しなければならない。
ア 施設長、保育士など、全職員による適切な役割分担と協力体制を整えること。
イ 子どもが行う具体的な活動は、生活の中で様々に変化することに留意して、子どもが望ましい方向に向かって自ら活動を展開できるよう必要な援助を行うこと。
ウ 子どもの主体的な活動を促すためには、保育士等が多様な関わりをもつことが重要であることを踏まえ、子どもの情緒の安定や発達に必要な豊かな体験が得られるよう援助すること。
エ 保育士等は、子どもの実態や子どもを取り巻く状況の変化などに即して保育の過程を記録するとともに、これらを踏まえ、指導計画に基づく保育の内容の見直しを行い、改善を図ること。

（4）保育内容等の評価

ア　保育士等の自己評価
　(ｱ)　保育士等は、保育の計画や保育の記録を通して、自らの保育実践を振り返り、自己評価することを通して、その専門性の向上や保育実践の改善に努めなければならない。
　(ｲ)　保育士等による自己評価に当たっては、子どもの活動内容やその結果だけでなく、子どもの心の育ちや意欲、取り組む過程などにも十分配慮するよう留意すること。
　(ｳ)　保育士等は、自己評価における自らの保育実践の振り返りや職員相互の話し合い等を通じて、専門性の向上及び保育の質の向上のための課題を明確にするとともに、保育所全体の保育の内容に関する認識を深めること。

イ　保育所の自己評価
　(ｱ)　保育所は、保育の質の向上を図るため、保育の計画の展開や保育士等の自己評価を踏まえ、当該保育所の保育の内容等について、自ら評価を行い、その結果を公表するよう努めなければならない。
　(ｲ)　保育所が自己評価を行うに当たっては、地域の実情や保育所の実態に即して、適切に評価の観点や項目等を設定し、全職員による共通理解をもって取り組むよう留意すること。
　(ｳ)　設備運営基準第36条の趣旨を踏まえ、保育の内容等の評価に関し、保護者及び地域住民等の意見を聴くことが望ましいこと。

（5）評価を踏まえた計画の改善

ア　保育所は、評価の結果を踏まえ、当該保育所の保育の内容等の改善を図ること。
イ　保育の計画に基づく保育、保育の内容の評価及びこれに基づく改善という一連の取組により、保育の質の向上が図られるよう、全職員が共通理解をもって取り組むことに留意すること。

• 解 説 •

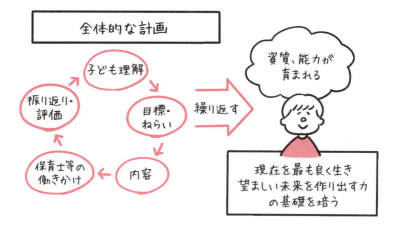

　まず、「第1章　総則」のなかに、新たに「3　保育の計画及び評価」という項目が記載されました。このことは、保育指針として「計画的に保育を振り返りながら行っていく」という考え方を軸として取り組むことをあらためて強調していると考えられます。旧保育指針では「第4章　保育の計画及び評価」に記載されていたものが総則に移行したということは、今まで以上に「保育所において、保育の目標を達成するためには、子どもの発達を見通しながら、保育の方法および環境に関する基本的な考え方に基づき、計画性のある保育を実践すること」が必要であることを示しています。

　保育所における保育は、計画とそれに基づく養護と教育が一体となった保育の実践を、保育の記録等を通じて振り返り、評価した結果を次の計画の作成に活かすという、循環的な過程を通して行われ

3 保育の計画及び評価

るものです。保育の計画を作成するにあたっては、全職員が各々の職種や立場に応じて参画し、保育の理念や方針を共有しながら、保育の方向性を明確にします。その際、子どもの発達や生活の連続性に配慮し、在籍期間を通じた育ちの見通しをもって、日々の生活における子どもの実態をとらえる視点をもつことが重要です。

　こうした一連の取り組みを繰り返すことを通じて、保育の生活や遊びが子どもの実態に即して柔軟に展開しながらも、子どもの豊かな経験が着実に積み重ねられ、資質・能力が育まれていきます。
　また、保育所が組織全体で計画的な保育の実践とその評価・改善に取り組み、保育所保育の全体的な過程や構造を明確にすることは、保育の質の向上を図り、社会的責任を果たしていくことにつながります。
　保育所では、子どもの家庭環境や生育歴、また保育時間や保育期間も一人ひとり異なります。保育にあたる職員も、保育士をはじめさまざまな職種や勤務体制の職員によって構成されています。こうした状況をふまえ、保育所全体として、一貫性をもって子どもの発達過程を見通すこと、同時に保育を体系的に構成し、全職員の共通認識のもと、計画性をもって保育を展開していくことが重要です。生活する場や時間・期間がどのような状況であっても、入所しているすべての子どもが「現在を最も良く生き、望ましい未来をつくり出す力の基礎を培う」ことができるよう、保育を展開していくことが求められます。
　一番大きな変更は、「（１）全体的な計画の作成」という項目ができたことです。
　保育指針では「ア　保育所は、１の（２）に示した保育の目標を達成するために、各保育所の保育の方針や目標に基づき、子どもの発達過程を踏まえて、保育の内容が組織的・計画的に構成され、保

育所の生活の全体を通して、総合的に展開されるよう、全体的な計画を作成しなければならない。」と記載されています。

「全体的な計画」は、児童福祉法および関係法令、保育指針、児童の権利に関する条約等と各保育所の保育の方針をふまえ、入所から就学に至る在籍期間の全体にわたって、保育の目標を達成するために、どのような道筋をたどり、養護と教育が一体となった保育を進めていくのかを示すものです。全体的な計画における保育の「ねらい及び内容」は、「2　養護に関する基本的事項」および「4　幼児教育を行う施設として共有すべき事項」「第2章　保育の内容」に基づき、乳幼児期の発達過程に沿って、それぞれの時期の生活や遊びのなかで、子どもは主にどのような体験をしていくのか、どのような援助が必要となるかを明らかにすることを目的として構成されます。

これらは、保育時間や在籍期間の長短にかかわりなく、在籍しているすべての子どもを対象として、保育所における生活の全体を通して総合的に展開されます。この全体的な計画に基づき、その時々の実際の子どもの発達や生活の状況に応じた具体的な指導計画や、その他の計画を作成していきます。

全体的な計画は、子どもの最善の利益の保障を第一義とする保育所保育の根幹を示すもので、指導計画やその他の計画の上位に位置づけられます。

また、全体的な計画の作成については「イ　全体的な計画は、子どもや家庭の状況、地域の実態、保育時間などを考慮し、子どもの育ちに関する長期的見通しをもって適切に作成されなければならない。」と記載されています。「全体的な計画」の作成にあたっては、さまざまな記録や資料等を活かしながら、保育所における子どもの発達過程や実態を理解するとともに、保育所と家庭の連続性を視野

に入れて、家庭との連携を図り、子どもの家庭での過ごし方や保護者の意向についても把握するよう努めます。また、地域の生活条件や環境、文化などの特性や近隣の関係機関および人材等の実態をふまえ、これらを活かして、全体的な計画を保育所の実態に即した特色あるものとすることが求められます。

保育時間に関しては、児童福祉施設の設備及び運営に関する基準第34条により、保育所における保育時間は一日につき8時間を原則とし、地域における乳幼児の保護者の労働時間や家庭の状況等を考慮して、各保育所において定めることとされています。それぞれの保育所における一日の保育の流れを基本としながら、そのなかでの子どもの体験や生活のリズム等を発達過程に照らして考慮し、ねらいや内容を構成します。延長保育・夜間保育・休日保育などを実施している場合には、それらも含めて子どもの生活の全体をとらえることが重要です。

保育所に在籍する期間は子どもによって異なります。そのため、乳幼児期の発達過程とあわせて、入所時の環境の変化を乗り越えて安定し、自ら生活や遊びを広げ、充実感を得て好奇心や探究心を深めていくといった保育所における経験から、子どもの育ちの過程をとらえます。保育所の生活全体における子どもの育ちを保障するためには、長期的な見通しをもって全体的な計画を作成します。

その際、養護に関する内容と第2章に示される各視点および領域のねらいや内容、次節に示す「幼児期の終わりまでに育ってほしい姿」との関連を考慮し、子どもの発達過程に即して展開される各時期の生活に応じて、適切に具体化し設定する必要があります。

全体的な計画とほかの計画との関連については、「ウ　全体的な計画は、保育所保育の全体像を包括的に示すものとし、これに基づく指導計画、保健計画、食育計画等を通じて、各保育所が創意工夫

して保育できるよう、作成されなければならない。」とされています。

「全体的な計画」は、保育所が実態に即して工夫して作成することが重要です。保育所はそれぞれ、地域環境や保育所の人的・物的条件が異なり、それぞれが影響を及ぼし合って保育所全体の特色をつくり出しています。子どもの生活や発達はこれらに大きく影響を受けるため、特色を十分に活かした保育を行うことができるよう、全体的な計画を作成する必要があります。

さらに、全体的な計画に基づいて、長期・短期の指導計画や保健計画・食育計画といった具体的かつ日々の保育に直接かかわるさまざまな計画が作成されます。また、職員の研修計画も、全体的な計画と関連づけながら作成されます。そのため、全体的な計画は施設長の責任のもとに作成されますが、全職員が参画し、共通理解と協力体制のもとに創意工夫して作成することが重要です。各保育所の保育の全体像が職員間で共有され、それに基づいて保育が展開されていくことは、保育の質の向上を組織的に図ることにつながります。

保育所を利用している保護者に対する子育て支援および地域の保護者等に対する子育て支援は、子どもの保育に関する全体的な計画と密接に関連して行われる業務として位置づけられています。

次に、変更のポイントとして、次の２点が挙げられます。（２）指導計画の作成についてイの「（ア）３歳未満児については、一人一人の子どもの生育歴、心身の発達、活動の実態等に即して、個別的な計画を作成すること」が加えられたこと。さらに、「エ　一日の生活のリズムや在園時間が異なる子どもが共に過ごすことを踏まえ、活動と休息、緊張感と解放感等の調和を図るよう配慮すること」「オ　午睡は生活のリズムを構成する重要な要素であり、安心して眠ることのできる安全な睡眠環境を確保するとともに、在園時間が異なることや、睡眠時間は子どもの発達の状況や個人によって差があることから、一律とならないよう配慮すること」が記載されたこ

とです。

　これらは総則の「目標」や「養護」の視点、「第2章　保育の内容」に3歳未満児が記載されたことと関連しています。「乳児」は「保育の内容」において、身体的発達に関する視点「健やかに伸び伸びと育つ」、社会的発達に関する視点「身近な人と気持ちが通じ合う」、精神的発達に関する視点「身近なものと関わり感性が育つ」として示されています。

　また（1）基本的事項の「ウ　本項の各視点において示す保育の内容は、第1章の2に示された養護における「生命の保持」及び「情緒の安定」に関わる保育の内容と、一体となって展開されるものであることに留意が必要である。」と記載されていることを指導計画に反映させることが大切です。

　「1歳以上3歳未満児」は、心身の健康に関する領域「健康」、人とのかかわりに関する領域「人間関係」、身近な環境とのかかわりに関する領域「環境」、言葉の獲得に関する領域「言葉」および、感性と表現に関する領域「表現」として示されています。また（1）基本的事項の「ウ　本項の各領域において示す保育の内容は、第1章の2に示された養護における「生命の保持」及び「情緒の安定」に関わる保育の内容と、一体となって展開されるものであることに留意が必要である。」と記載されていることを指導計画に反映させることが大切です。

　「養護」で前述した「ねらい④一人一人の子どもがくつろいで共に過ごし、心身の疲れが癒されるようにする。」が、指導計画ではどのように反映されるかが実践で求められます。

　「（3）指導計画の展開」は文章としては変わっていませんが、全体的な計画として示されています。また、「（4）保育内容等の評価」

も、大きくは変わっていませんが、「(ウ)保育士等は、自己評価における…」という言葉が加わっています。保育の振り返りは各保育士等の自己評価が大切であることが明記されています。

「(5) 評価を踏まえた計画の改善」は新しい記載項目ですが、全体的な計画として、評価に基づいた計画実践を強調しています。毎年同じ保育の計画を使用するのではなく、実情や子どもの理解に基づいた指導計画編成が重要です。子どもの育ちは実践、すなわち全体的な計画および指導計画の作成にあります。

3 保育の計画及び評価

・実践の工夫・

　保育において子どもの主体性を尊重することは、子どもを好きなようにさせることではありません。また、保育士等が何もはたらきかけをしないということでもありません。子ども自らが興味や関心をもって環境にかかわりながら、多様な経験を重ねていくには、保育士等が乳幼児期の発達の特性と子どもの実態をふまえ、保育の環境を計画的に構成することが重要です。そのうえで、子どもが安心してさまざまなことに取り組み、充実感や達成感を得て好奇心や意欲を高めていけるよう、一人ひとりの心身の状態に応じて適切に援助することで、子どもの育とうとする力が発揮されます。

　計画とは、子どもに計画どおり「させる」保育ではなく、その時々の子どもの状況や遊びの展開に応じて環境を構成し、創意工夫することが大切です。保育は、子どもと保育士等をはじめとする多様な環境との相互的なかかわりによって展開されていきます。生活は、子どもとともに保育をつくり出していくことで、その認識が重要です。また、保育において何が育ったのか、何を育てようとしているのかという子どもの育ちについて常に振り返り、評価を行い、その

結果に基づいて、保育の環境構成等を含め指導計画を構想し直すことが大切です。継続的な取り組みが保育の質、子どもの生活の質の向上につながります。

　全体的な計画は、幼稚園教育要領および幼保連携型認定こども園教育・保育要領と共通する言葉として、改正されています。しかしながら、その趣は少し意味が異なっています。大切なことは、在籍期間においてその保育所の「子ども像」や目標・ねらいを達成するためにはどのような生活活動が必要か、計画性をもって考えることです。計画とはあくまでも案ですが、毎日の生活がパッチワークのようなつぎはぎでは困ります。また、保育経験の豊富な担任だと子どもが目標・ねらいに沿った経験をできるのでも困ります。

　今回の改正では、「幼児期の終わりまでに育ってほしい姿」が10項目記載されています。「全体的な計画」では、それぞれの姿について、0歳からどのように意識して育ちの保障をしていくのか、どの活動を通じて育てていくかを明確にする必要があります。無意識ではなく、在籍年月に対する保育の見通しや偏りなく子どもが体験できるような、バランスよく育っていく道筋、発達過程として、計画は必要です。もちろん、柔軟性ある計画であることや子ども理解に基づいた計画をいつも振り返りながら最善を試行錯誤することが専門職として求められます。

> **全体的な計画作成の手順について（参考例）**
> 1）保育所保育の基本について、職員間の共通理解を図る。
> ・児童福祉法や児童の権利に関する条約等、関係法令を理解する。
> ・保育指針、保育指針解説の内容を理解する。
> 2）乳幼児期の発達および子ども、家庭、地域の実態、保育所に対する社会の要請、保護者の意向などを把握する。
> 3）各保育所の保育の理念、目標、方針等について職員間の共通理解を図る。
> 4）子どもの発達過程を見通し、それぞれの時期にふさわしい具体的なねらいと内容を、一貫性をもって組織する。
> 5）保育時間の長短、在籍期間の長短、その他子どもの発達や心身の状態および家庭の状況に配慮して、それぞれにふさわしい生活のなかで保育目標が達成されるようにする。
> 6）全体的な計画に基づく保育の経過や結果を省察、評価し、次の作成に活かす。

　保育所では、保育時間の異なる子どもがともに過ごすことから、一人ひとりの生活を見通したうえで、子どもの活動と休息、緊張感と解放感等の調和を図っていく必要があります。その際、子どもがともに過ごす集団の規模やかかわる保育士等も時間帯によって変わることをふまえて、子どもの安心と安定が図られるような環境づくりが必要です。

　例えば、夕方になって徐々に人数が少なくなりつつある時間帯には、家庭的な雰囲気のなかで保育士等や友だちと少人数で過ごすことができる場所を設けるなどして、子どもが自然と落ち着いて遊ぶことができるようにすることなどが考えられます。このように、保育所における一日の生活環境の変化が、子どもに過度の不安や動揺を与えることがないよう配慮することが求められます。

　一方で、安定した生活のリズムを保ちながらも、その時々の子どもの興味や関心、生活や遊びへの取り組み、保育士等や友だちとの人間関係の変化、自然や季節の変化などに応じて、子どもがさまざまな経験を楽しむことができるよう工夫し、毎日の生活が一律で単

調なものとならないようにすることも大切です。

　午睡は、体力を回復したり、脳を休ませたりするものであり、乳幼児期の発達の過程や一日の活動において必要なことです。しかし、睡眠の発達には個人差があるため、3歳以上児においては、午睡を必要とする子どもと必要としない子どもが混在する場合もあります。そのため、どちらの子どもにとっても、午睡の時間に安心して眠ったり活動できるように配慮する必要があります。

　午睡を必要とする子どもには、落ち着いた環境のもとで眠ることができる場を確保します。同様に、午睡をしない子どもにとっても、のびのびと遊ぶことができる充実した環境や体制を整えておくことが求められます。普段は午睡を必要としない子どもでも、午前中の活動などで疲れがみられたり体調がよくない場合は、状態に応じて午睡をしたり静かに体を休めることができるように配慮します。

　5歳頃の子どもについては、就学後の生活も見通して、一日の生活のリズムを形成していく観点から、保護者と連携を取りつつ、一年間の流れのなかで子どもの心身の健康の状況と合わせて考えながら、徐々に午睡のない生活に慣れていくことが大切です。このように、子ども一人ひとりの成長に合わせて、その日の体調なども考慮したうえで、保護者とも相談しながら、午睡を一律にさせるのではなく、発達の過程に合わせて、一人ひとりが自分で生活のリズムを整えていけるようにしていくことが望まれます。

　施設長や主任保育士等の管理職をはじめ、経験のある保育士等が中心となって、研修や会議などに位置づけて職員が語り合う機会を設けることが大切です。この際、保育の経験や立場、職種等にかかわらず、それぞれの意見が尊重されることに留意します。保育の計画や記録、個々の自己評価、保護者や地域住民からの要望等などをもとにテーマを設定するなど、進め方を工夫し、職員がそれぞれに意見を述べられるよう配慮します。そのうえで、自分たちの保育に

関する現状の認識や保育の理念、方針などを確認するとともに、課題や改善に向けて必要なことを整理し、今後の取り組みの方向性を明らかにします。

　こうした過程を経て、保育所として改善の目標とそれに向けた具体的な方法や体制を検討し、実行に移します。その結果はその後評価され、再び研修や会議の場で職員間に共有されます。必要に応じて外部からの評価や意見を受け、客観的な視点を加えて評価結果を見直す場合もあります。これらは次の改善に向けた課題や目標に活かされます。

　このように、全職員が評価の過程にかかわりながら改善に向けた取り組みが進められることで、その意義や目的の理解が共有されることが重要です。

4 幼児教育を行う施設として共有すべき事項

(1) 育みたい資質・能力

ア　保育所においては、生涯にわたる生きる力の基礎を培うため、1の(2)に示す保育の目標を踏まえ、次に掲げる資質・能力を一体的に育むよう努めるものとする。
　(ア)　豊かな体験を通じて、感じたり、気付いたり、分かったり、できるようになったりする「知識及び技能の基礎」
　(イ)　気付いたことや、できるようになったことなどを使い、考えたり、試したり、工夫したり、表現したりする「思考力、判断力、表現力等の基礎」
　(ウ)　心情、意欲、態度が育つ中で、よりよい生活を営もうとする「学びに向かう力、人間性等」

イ　アに示す資質・能力は、第2章に示すねらい及び内容に基づく保育活動全体によって育むものである。

(2) 幼児期の終わりまでに育ってほしい姿

次に示す「幼児期の終わりまでに育ってほしい姿」は、第2章に示すねらい及び内容に基づく保育活動全体を通して資質・能力が育まれている子どもの小学校就学時の具体的な姿であり、保育士等が指導を行う際に考慮するものである。

ア　健康な心と体
　保育所の生活の中で、充実感をもって自分のやりたいことに向かって心と体を十分に働かせ、見通しをもって行動し、自ら健康で安全な生活をつくり出すようになる。

イ　自立心
　身近な環境に主体的に関わり様々な活動を楽しむ中で、しなければならないことを自覚し、自分の力で行うために考えたり、工夫したりしながら、諦めずにやり遂げることで達成感を味わい、自信をもって行動するようになる。

ウ　協同性
　友達と関わる中で、互いの思いや考えなどを共有し、共通の目的の実

4　幼児教育を行う施設として共有すべき事項

現に向けて、考えたり、工夫したり、協力したりし、充実感をもってやり遂げるようになる。

エ　道徳性・規範意識の芽生え

友達と様々な体験を重ねる中で、してよいことや悪いことが分かり、自分の行動を振り返ったり、友達の気持ちに共感したりし、相手の立場に立って行動するようになる。また、きまりを守る必要性が分かり、自分の気持ちを調整し、友達と折り合いを付けながら、きまりをつくったり、守ったりするようになる。

オ　社会生活との関わり

家族を大切にしようとする気持ちをもつとともに、地域の身近な人と触れ合う中で、人との様々な関わり方に気付き、相手の気持ちを考えて関わり、自分が役に立つ喜びを感じ、地域に親しみをもつようになる。また、保育所内外の様々な環境に関わる中で、遊びや生活に必要な情報を取り入れ、情報に基づき判断したり、情報を伝え合ったり、活用したりするなど、情報を役立てながら活動するようになるとともに、公共の施設を大切に利用するなどして、社会とのつながりなどを意識するようになる。

カ　思考力の芽生え

身近な事象に積極的に関わる中で、物の性質や仕組みなどを感じ取ったり、気付いたりし、考えたり、予想したり、工夫したりするなど、多様な関わりを楽しむようになる。また、友達の様々な考えに触れる中で、自分と異なる考えがあることに気付き、自ら判断したり、考え直したりするなど、新しい考えを生み出す喜びを味わいながら、自分の考えをよりよいものにするようになる。

キ　自然との関わり・生命尊重

自然に触れて感動する体験を通して、自然の変化などを感じ取り、好奇心や探究心をもって考え言葉などで表現しながら、身近な事象への関心が高まるとともに、自然への愛情や畏敬の念をもつようになる。また、身近な動植物に心を動かされる中で、生命の不思議さや尊さに気付き、身近な動植物への接し方を考え、命あるものとしていたわり、大切にする気持ちをもって関わるようになる。

ク　数量や図形、標識や文字などへの関心・感覚

遊びや生活の中で、数量や図形、標識や文字などに親しむ体験を重ね

たり、標識や文字の役割に気付いたりし、自らの必要感に基づきこれらを活用し、興味や関心、感覚をもつようになる。
ケ　言葉による伝え合い
　　保育士等や友達と心を通わせる中で、絵本や物語などに親しみながら、豊かな言葉や表現を身に付け、経験したことや考えたことなどを言葉で伝えたり、相手の話を注意して聞いたりし、言葉による伝え合いを楽しむようになる。
コ　豊かな感性と表現
　　心を動かす出来事などに触れ感性を働かせる中で、様々な素材の特徴や表現の仕方などに気付き、感じたことや考えたことを自分で表現したり、友達同士で表現する過程を楽しんだりし、表現する喜びを味わい、意欲をもつようになる。

4 幼児教育を行う施設として共有すべき事項

・解説・

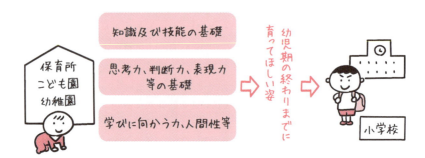

● 育みたい資質・能力

　今回の改正では、総則のなかに「4　幼児教育を行う施設として共有すべき事項」が新たに記載されました。保育所は児童福祉施設ですが、同じ地域の子どもとして、幼稚園やこども園、保育所の子どもが「小学校に就学するときの資質・能力」として、「幼児期の終わりの姿」として共有すべき事項を掲げています。

　保育所においては、生活を通して子どもに生きる力の基礎を培うことが求められています。そのため、保育の目標をふまえ、小学校以降の子どもの発達を見通しながら保育活動を展開し、保育所保育において育みたい資質・能力を育てることが大切です。育みたい資質・能力とは、「知識及び技能の基礎」「思考力、判断力、表現力等の基礎」「学びに向かう力、人間性等」です。

「知識及び技能の基礎」とは、豊かな体験を通じて、子どもが自ら感じたり、気づいたり、わかったり、できるようになったりすることです。「思考力、判断力、表現力等の基礎」とは、気づいたことやできるようになったことなどを使い、考えたり、試したり、工夫したり、表現したりすることです。「学びに向かう力、人間性等」とは、心情、意欲、態度が育つなかで、よりよい生活を営もうとすることです。

これらの資質・能力は、第2章に示す「ねらい及び内容」に基づいて、各保育所が子どもの発達の実情や興味や関心等をふまえながら展開する活動全体によって育まれるものです。

●「幼児期の終わりまでに育ってほしい姿」

「幼児期の終わりまでに育ってほしい姿」は、第2章に示す「ねらい及び内容」に基づいて、各保育所で、乳幼児期にふさわしい生活や遊びを積み重ねることによって、保育所保育において育みたい資質・能力が育まれている子どもの具体的な姿であり、特に卒園を迎える年度の後半にみられる姿です。ここでいう卒園を迎える年度とは、小学校就学に達する直前の年度を指すものです。

保育所の保育士等は、遊びのなかで子どもが発達していく姿について、「幼児期の終わりまでに育ってほしい姿」を念頭においてとらえ、一人ひとりの発達に必要な体験が得られる状況をつくり必要な援助を行うなど、指導を行う際に考慮することが求められます。

4 幼児教育を行う施設として共有すべき事項

・実践の工夫・

　「資質・能力」は、「知識及び技能の基礎」「思考力、判断力、表現力等の基礎」「学びに向かう力、人間性等」を個別に取り出して指導するのではなく、遊びを通した総合的な指導のなかで一体的に育むよう努めることが重要です。これらの資質・能力は、これまでも保育所で育んできたものですが、あらためて実践における子どもの具体的な姿からとらえて、全体的な計画の作成等を図ることが求められています。

　小学校以降の教育は、各教科等の目標や内容を資質・能力の観点から整理して示し、各教科等の指導のねらいを明確にしながら教育活動の充実を図っています。一方で、保育所保育では、遊びを展開する過程において、心身のさまざまな側面の発達にとって必要な経験が相互に関連し合い積み重ねられます。つまり、乳幼児期は諸能力が個別に発達するのではなく、相互に関連し合い、総合的に発達するのです。保育所保育において育みたい資質・能力は、こうした保育所保育の特質をふまえて一体的に育んでいくものです。

「幼児期の終わりまでに育ってほしい姿」は到達すべき目標ではなく、個別に取り出されて指導されるものではないことに十分留意する必要があります。保育所保育は環境を通して行うものであり、とりわけ子どもの自発的な活動としての遊びを通して、一人ひとりの発達の特性に応じてこれらの姿が育っていくものであり、すべての子どもに同じようにみられるものではないことに留意しましょう。加えて、卒園を迎える年度の子どもに突然みられるようになるものではないため、その前の時期から、子どもが発達していく方向を意識して、それぞれの時期にふさわしい指導を積み重ねていくことが大切です。

　さらに、小学校の教員と「幼児期の終わりまでに育ってほしい姿」を手がかりに子どもの姿を共有するなど、保育所保育と小学校教育の円滑な接続を図ることが大切です。その際、「幼児期の終わりまでに育ってほしい姿」は、保育所の保育士等が適切にかかわることで、特に保育所の生活のなかでみられるようになる子どもの姿であることに留意が必要です。保育所と小学校では子どもの生活や教育の方法が異なるため、「幼児期の終わりまでに育ってほしい姿」からイメージする子どもの姿にも違いが生じることがありますが、保育士等と小学校教員が話し合いながら子どもの姿を共有できるようにしましょう。「幼児期の終わりまでに育ってほしい姿」は、保育を通した子どもの成長を、保育所の関係者以外にもわかりやすく伝えることにつながるため、各保育所での工夫が期待されます。

保育の内容

　この章に示す「ねらい」は、第1章の1の(2)に示された保育の目標をより具体化したものであり、子どもが保育所において、安定した生活を送り、充実した活動ができるように、保育を通じて育みたい資質・能力を、子どもの生活する姿から捉えたものである。また、「内容」は、「ねらい」を達成するために、子どもの生活やその状況に応じて保育士等が適切に行う事項と、保育士等が援助して子どもが環境に関わって経験する事項を示したものである。

　保育における「養護」とは、子どもの生命の保持及び情緒の安定を図るために保育士等が行う援助や関わりであり、「教育」とは、子どもが健やかに成長し、その活動がより豊かに展開されるための発達の援助である。本章では、保育士等が、「ねらい」及び「内容」を具体的に把握するため、主に教育に関わる側面からの視点を示しているが、実際の保育においては、養護と教育が一体となって展開されることに留意する必要がある。

1 乳児保育に関わるねらい及び内容

(1) 基本的事項

ア　乳児期の発達については、視覚、聴覚などの感覚や、座る、はう、歩くなどの運動機能が著しく発達し、特定の大人との応答的な関わりを通じて、情緒的な絆(きずな)が形成されるといった特徴がある。これらの発達の特徴を踏まえて、乳児保育は、愛情豊かに、応答的に行われることが特に必要である。

イ　本項においては、この時期の発達の特徴を踏まえ、乳児保育の「ねらい」及び「内容」については、身体的発達に関する視点「健やかに伸び伸びと育つ」、社会的発達に関する視点「身近な人と気持ちが通じ合う」及び精神的発達に関する視点「身近なものと関わり感性が育つ」としてまとめ、示している。

ウ　本項の各視点において示す保育の内容は、第1章の2に示された養護における「生命の保持」及び「情緒の安定」に関わる保育の内容と、一体となって展開されるものであることに留意が必要である。

● 解 説 ●

　今回の保育所保育指針（以下、保育指針）では、保育の内容について乳児（0歳児）と1歳以上3歳未満児が個別に記載され、内容の充実が図られました。これは、近年、保育所の利用児童数が1、2歳児を中心に大きく増加していること、乳児や3歳未満児の時期は心身の発達が著しく、この時期の保育のあり方が、その後の成長や社会性の獲得等にも大きく影響を与えると考えられ、3歳未満児の保育の重要性への認識が高まっていることに起因します。

　保育士等は、自らの保育がその子どもの育ちに大きく影響することをしっかりと認識する必要があるでしょう。特定の大人との愛着や信頼関係の構築が基本的信頼感を形成し、養護の「情緒の安定」につながることは明らかです。基本的事項にも、乳児保育は、発達の特徴をふまえたうえで「愛情豊かに、応答的に行われることが特

に必要」と記載されています。

　また、乳児保育における「ねらい」および「内容」について、従来の5領域に分けた記述ではなく、3つの視点として示されました。ひとつは身体的発達に関する視点「健やかに伸び伸びと育つ」、そして社会的発達に関する視点「身近な人と気持ちが通じ合う」、および精神的発達に関する視点「身近なものと関わり感性が育つ」です。もちろんこの3つの視点は、養護を土台に5領域と関連しているので、子どもの成長にともない5領域の「ねらい」および「内容」につながっていくことを理解することも大切です。

　この乳児保育における3つの視点は、主に教育の側面から示されています。保育所が養護と教育を一体的に行う施設であり、乳児の段階にも教育がある、学びの芽生えの時期であるということが、今回の保育指針でははっきりと示されたのです。保育士等は、そのことを認識しながら保育を行うことが大切となります。

・実践の工夫・

　乳児に対する「応答」的なかかわりとはどういうことでしょうか？乳児のしぐさや喃語（なんご）、視線の方向から、乳児の内側にある気持ちをくみ取り、言葉やスキンシップにして返す。その保育士等の行動に、乳児がまた何らかの反応を返し、そこに温かな気持ちの交流やほほえみがある。そういった行為が積み重なり、愛着や信頼関係が育っていくのでしょう。

　保育所の配置基準は、3人の乳児に対し1人の保育士等です。このような「応答」的かかわりは、1対1の場面が基本になると考えられます。おむつ交換や授乳や離乳食、入眠時など、本当に乳児と1対1でゆったりとかかわる時間がもてているでしょうか？　同時に3人の乳児に離乳食を機械的に与えたり、時間で一斉におむつ交換となっていませんか。一人ひとりの乳児の要求や心の動き、気持ちに応えられているか、保育の集団規模や乳児保育担当者間の連携も含めて、保育について話し合いを続けることが求められているのではないでしょうか。

　乳児にとって、保育所は人生ではじめての集団生活であり、保育士等は保護者以外ではじめて密接にかかわる大人であるとも考えら

れます。保育士等はその重要性をしっかりと認識しておく必要があります。

(2) ねらい及び内容

ア　健やかに伸び伸びと育つ
　　健康な心と体を育て、自ら健康で安全な生活をつくり出す力の基盤を培う。

　㋐　ねらい
　　①　身体感覚が育ち、快適な環境に心地よさを感じる。
　　②　伸び伸びと体を動かし、はう、歩くなどの運動をしようとする。
　　③　食事、睡眠等の生活のリズムの感覚が芽生える。

　㋑　内容
　　①　保育士等の愛情豊かな受容の下で、生理的・心理的欲求を満たし、心地よく生活をする。
　　②　一人一人の発育に応じて、はう、立つ、歩くなど、十分に体を動かす。
　　③　個人差に応じて授乳を行い、離乳を進めていく中で、様々な食品に少しずつ慣れ、食べることを楽しむ。
　　④　一人一人の生活のリズムに応じて、安全な環境の下で十分に午睡をする。
　　⑤　おむつ交換や衣服の着脱などを通じて、清潔になることの心地よさを感じる。

　㋒　内容の取扱い
　　上記の取扱いに当たっては、次の事項に留意する必要がある。
　　①　心と体の健康は、相互に密接な関連があるものであることを踏まえ、温かい触れ合いの中で、心と体の発達を促すこと。特に、寝返り、お座り、はいはい、つかまり立ち、伝い歩きなど、発育に応じて、遊びの中で体を動かす機会を十分に確保し、自ら体を動かそうとする意欲が育つようにすること。
　　②　健康な心と体を育てるためには望ましい食習慣の形成が重要であることを踏まえ、離乳食が完了期へと徐々に移行する中で、様々な食品に慣れるようにするとともに、和やかな雰囲気の中で食べる喜びや楽しさを味わい、進んで食べようとする気持ちが育つようにすること。なお、食物アレルギーのある子どもへの対応については、嘱託医等の指示や協力の下に適切に対応すること。

イ 身近な人と気持ちが通じ合う
　受容的・応答的な関わりの下で、何かを伝えようとする意欲や身近な大人との信頼関係を育て、人と関わる力の基盤を培う。
　㈦　ねらい
　　① 安心できる関係の下で、身近な人と共に過ごす喜びを感じる。
　　② 体の動きや表情、発声等により、保育士等と気持ちを通わせようとする。
　　③ 身近な人と親しみ、関わりを深め、愛情や信頼感が芽生える。
　㈣　内容
　　① 子どもからの働きかけを踏まえた、応答的な触れ合いや言葉がけによって、欲求が満たされ、安定感をもって過ごす。
　　② 体の動きや表情、発声、喃語等を優しく受け止めてもらい、保育士等とのやり取りを楽しむ。
　　③ 生活や遊びの中で、自分の身近な人の存在に気付き、親しみの気持ちを表す。
　　④ 保育士等による語りかけや歌いかけ、発声や喃語等への応答を通じて、言葉の理解や発語の意欲が育つ。
　　⑤ 温かく、受容的な関わりを通じて、自分を肯定する気持ちが芽生える。
　㈥　内容の取扱い
　　上記の取扱いに当たっては、次の事項に留意する必要がある。
　　① 保育士等との信頼関係に支えられて生活を確立していくことが人と関わる基盤となることを考慮して、子どもの多様な感情を受け止め、温かく受容的・応答的に関わり、一人一人に応じた適切な援助を行うようにすること。
　　② 身近な人に親しみをもって接し、自分の感情などを表し、それに相手が応答する言葉を聞くことを通して、次第に言葉が獲得されていくことを考慮して、楽しい雰囲気の中での保育士等との関わり合いを大切にし、ゆっくりと優しく話しかけるなど、積極的に言葉のやり取りを楽しむことができるようにすること。
ウ　身近なものと関わり感性が育つ
　身近な環境に興味や好奇心をもって関わり、感じたことや考えたことを表現する力の基盤を培う。

(ア) ねらい
　① 身の回りのものに親しみ、様々なものに興味や関心をもつ。
　② 見る、触れる、探索するなど、身近な環境に自分から関わろうとする。
　③ 身体の諸感覚による認識が豊かになり、表情や手足、体の動き等で表現する。
(イ) 内容
　① 身近な生活用具、玩具や絵本などが用意された中で、身の回りのものに対する興味や好奇心をもつ。
　② 生活や遊びの中で様々なものに触れ、音、形、色、手触りなどに気付き、感覚の働きを豊かにする。
　③ 保育士等と一緒に様々な色彩や形のものや絵本などを見る。
　④ 玩具や身の回りのものを、つまむ、つかむ、たたく、引っ張るなど、手や指を使って遊ぶ。
　⑤ 保育士等のあやし遊びに機嫌よく応じたり、歌やリズムに合わせて手足や体を動かして楽しんだりする。
(ウ) 内容の取扱い
　　上記の取扱いに当たっては、次の事項に留意する必要がある。
　① 玩具などは、音質、形、色、大きさなど子どもの発達状態に応じて適切なものを選び、その時々の子どもの興味や関心を踏まえるなど、遊びを通して感覚の発達が促されるものとなるように工夫すること。なお、安全な環境の下で、子どもが探索意欲を満たして自由に遊べるよう、身の回りのものについては、常に十分な点検を行うこと。
　② 乳児期においては、表情、発声、体の動きなどで、感情を表現することが多いことから、これらの表現しようとする意欲を積極的に受け止めて、子どもが様々な活動を楽しむことを通して表現が豊かになるようにすること。

1 乳児保育に関わるねらい及び内容

解説

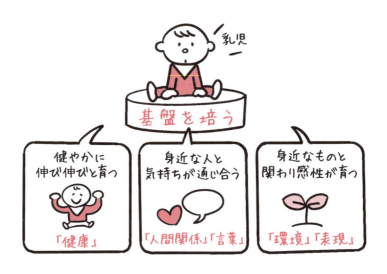

　保育指針にある3つのねらいには、共通した記載があります。それは「基盤を培う」です。1歳以上3歳未満児、3歳以上児のねらいおよび内容では「養う」という文言が使われており、「基盤を培う」は乳児のみの表現です。

　乳児期においては、従来の5領域で示している保育内容に関する発達が未分化な状態にあります。乳児期ははじめてこの世界に生まれ出て、すごい勢いで感覚も運動機能も発達していきます。自ら育とうとする力に満ちあふれているのです。はじめて見るもの、聞くもの、触れるもの、大人とのやりとりを通じて、心も体も成長していきます。まさに、生きるための力の基盤が乳児期に形成されるのです。保育士等はその発達を援助し、この時期に子どもたちの身体的・精神的・社会的発達の基盤を培うという基本的な考え方をふま

え、3つの視点から保育の内容等が記載されています。

健やかに伸び伸びと育つ…5領域の「健康」と重なり、乳児の自分自身の心と体のかかわりについて書かれています。

身近な人と気持ちが通じ合う…「人間関係」や「言葉」と重なる部分です。身近な大人(保護者や保育士等)との愛着や信頼関係を育んでいくことについて書かれています。

身近なものと関わり感性が育つ…「環境」と「表現」と重なる部分です。これは乳児が物とのかかわりで、気づきや興味をもつといった知的な要素が含まれます。乳児期から子どもが主体的に自分の周りの人や物に興味や関心をもち、直接かかわっていこうとする姿が「学びの芽生え」であり、生涯の学びの出発点にも結びついているのです。

1 乳児保育に関わるねらい及び内容

・実践の工夫・

　乳児期の子どもは、一人ひとりの発達の仕方もスピードも異なります。乳児の保育室を見渡せば、ねんね、お座り、伝い歩き、はいはい、よちよち歩きと、異なる月齢のさまざまな発達の乳児たちが同じ部屋で過ごすことも多いでしょう。

　保育所によって、部屋の広さや子どもの人数、職員数など、条件はさまざまだと思います。その与えられた条件のなかで、いかに静と動の空間をつくるか、動きの異なる子どもたちが安全に、思う存分探索行動ができるか。そして、保育士等が一人ひとりの子どもの状態をどれだけ把握し、応答的にかかわり、愛着を育み、援助ができるかが大切です。

　発達に合わせた小グループでの保育や、部屋のゾーン分けなど、子どもとていねいにかかわるための工夫は欠かせません。子どもたちが最初に出会う大人の一人として、そして専門性をもつ保育士等として、この「学びの芽生え」を慈しみ、育てましょう。

（3）保育の実施に関わる配慮事項

ア　乳児は疾病への抵抗力が弱く、心身の機能の未熟さに伴う疾病の発生が多いことから、一人一人の発育及び発達状態や健康状態についての適切な判断に基づく保健的な対応を行うこと。

イ　一人一人の子どもの生育歴の違いに留意しつつ、欲求を適切に満たし、特定の保育士が応答的に関わるように努めること。

ウ　乳児保育に関わる職員間の連携や嘱託医との連携を図り、第3章に示す事項を踏まえ、適切に対応すること。栄養士及び看護師等が配置されている場合は、その専門性を生かした対応を図ること。

エ　保護者との信頼関係を築きながら保育を進めるとともに、保護者からの相談に応じ、保護者への支援に努めていくこと。

オ　担当の保育士が替わる場合には、子どものそれまでの生育歴や発達過程に留意し、職員間で協力して対応すること。

1 乳児保育に関わるねらい及び内容

・解 説・

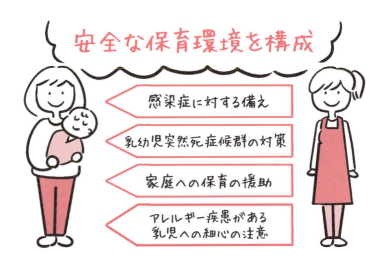

　乳児は感染経験も少なく、体力もまだ十分でないため、集団生活となる保育所では感染症に対する備えが重要です。感染源、感染経路対策はもちろん、一人ひとりの予防接種の状況を把握し、保護者に適切な接種を奨励(しょうれい)していきましょう。さらに、1歳未満児は乳幼児突然死症候群（SIDS）のリスクも高いことから、午睡中の呼吸チェックや状態確認（うつぶせに寝ていないか、顔の周りにひも状の物、タオルやスタイ（よだれかけ）、柔らかいマットレスまたは敷布団など窒息の原因になるものはないか）を定期的に行うことも必要です。

　乳児保育は保育所で預かる時間だけを考えればいいのかといえば、それは違います。家庭での保育を含めた24時間を通して、その子どもの発達を援助することが求められています。生活習慣の形

成や家庭での学びとの連続性の確保のために、家庭との連携がとても重要になるのです。この時期の子どもの成長発達は個人差が大きく、月齢で一律に発達するとも限りません。家庭での成育歴も考慮にいれながら、発達の特性に応じた個別の対応が必要となります。

　健康および安全に関しても、アレルギー疾患がある乳児など、離乳食に細心の注意を払う必要があります。医師の診断および指示に基づき、離乳食をつくる職員と、実際に食事の介助を行う保育士等が双方で内容物を確認するなど、二重三重のチェック機能をもつことが大切です。栄養士や看護師等が配置されている場合には、その専門性を存分に活かしたいものです。乳児は自分の身を自分で守ることができません。個人の発達の差が最も大きいこの時期に、子どもの動きを予測しながら、安全な保育環境を構成しましょう。

　また、この時期に愛着や基本的信頼感の形成ができるように、子どもにとって最も身近な大人の一人である保護者への支援も大切な役割です。子どもの養育を行う保護者が安定することで、子どもの健全な育成も図られます。そのためにも、保育士等は、保護者の悩みや不安に寄り添い、保育所での子どもの様子や日々成長する姿を伝え、ともに喜び合うといった、保護者の子育てにおける伴走者の立場で支援することが求められます。

1 乳児保育に関わるねらい及び内容

・ 実践の工夫 ・

　家庭との連携の方法として有効なのが、保護者の「保育参加」です。「保育参観」とは違い、実際に子どもが保育を受ける場所と時間を保護者に一日体験してもらうことで、さまざまな気づきと安心を得ることができます。同じクラスにいる発達の異なる子どもの姿を見ることで、わが子の成長に対する見通しをもつことができ、保育士等の乳児へのかかわり方、離乳食の内容、援助の仕方などを目の当たりにすることで、自分の育児の参考にもなります。保育する側も、一日保護者と一緒に過ごすことで、家庭での過ごし方や保護者の思い、子どもへの接し方などいろいろな情報を得ることができます。

　このように相互理解を深めることで、一人の子どもを一緒に育てていく連帯感と信頼感も生まれます。双方がじっくりかかわるために、できれば1クラス1人ずつの保護者の体験が望ましいと考えられます。

2　1歳以上3歳未満児の保育に関わるねらい及び内容

(1) 基本的事項

ア　この時期においては、歩き始めから、歩く、走る、跳ぶなどへと、基本的な運動機能が次第に発達し、排泄の自立のための身体的機能も整うようになる。つまむ、めくるなどの指先の機能も発達し、食事、衣類の着脱なども、保育士等の援助の下で自分で行うようになる。発声も明瞭になり、語彙も増加し、自分の意思や欲求を言葉で表出できるようになる。このように自分でできることが増えてくる時期であることから、保育士等は、子どもの生活の安定を図りながら、自分でしようとする気持ちを尊重し、温かく見守るとともに、愛情豊かに、応答的に関わることが必要である。

イ　本項においては、この時期の発達の特徴を踏まえ、保育の「ねらい」及び「内容」について、心身の健康に関する領域「健康」、人との関わりに関する領域「人間関係」、身近な環境との関わりに関する領域「環境」、言葉の獲得に関する領域「言葉」及び感性と表現に関する領域「表現」としてまとめ、示している。

ウ　本項の各領域において示す保育の内容は、第1章の2に示された養護における「生命の保持」及び「情緒の安定」に関わる保育の内容と、一体となって展開されるものであることに留意が必要である。

2　1歳以上3歳未満児の保育に関わるねらい及び内容

・解説・

　この時期は基本的な運動機能が徐々に発達し、自分で体を思うように動かせるようになってきます。身体機能も整うようになり、指先の操作もそれなりに発達することから、自分で食具を使って食べたり、着脱にも挑戦するなど、身の回りの簡単なことを自分でやろうとする意欲も出てきます。しかし、個人差も大きく、発達も子どもによって異なります。保育士等は個々の状態や、一人ひとりの成長の見通しをもちながら適切な援助を行うことが求められています。
　乳児期には他者と自分との境界があいまいでしたが、この時期になると自我が芽生え、自己主張が激しくなります。「自分で」とやりたいことを主張しても、手に余ることも多く、激しい葛藤や不安、思いどおりにならないいらだちなどを感じる時期でもあります。そ

の感情が時には爆発し、大声で泣いたり、保育士等の援助の手を振り払ったりするなど、自分でもどうしたいのかわからなくなるような場面もみられます。保護者や保育士等にとってこの自己主張が、時には保育の難しさにつながるように感じるかもしれません。

　しかし、「自分でやりたかったのね」と、子どもが言葉で表すことのできない気持ちをくみ取り、根気強く子どもの自己主張につき合うことは、子どもにとって、自分という存在を受け入れられ、肯定され、支えられ、安心するといった体験を積み重ねていくために必要な過程です。それが、子どもの自己肯定感や基本的信頼感の形成に大きく役立ちます。自分の思いや存在を受け入れられた経験は、相手の意見を聞いたり、受け入れたりするための大事な基盤となるのです。自分というものを得た子どもが、身近にいる友だちや周囲の人への興味・関心を抱き、かかわりをもとうとする力にもなります。保育士等は温かなまなざしをもち、子どもが存分に自我を発揮(はっき)できるよう保育環境を整えていくことが大切です。

　こうした発達をふまえたうえで、この項では保育の内容が「健康」「人間関係」「環境」「言葉」「表現」という５つの領域で示されています。乳児保育の内容で示された３つの視点と、満３歳以上の園児の教育および保育の内容に連続していることを念頭に、環境や遊びを通して保育が展開されることが望まれています。

• 実践の工夫 •

　この年齢でも、子どもに対する応答的なかかわりが求められています。現在の保育所の配置基準である、子ども6人に対して1人の保育士という状況のなかで、「イヤイヤ期」を迎えた一人ひとりの子どもに応答的にかかわるには、工夫が必要です（配置基準を4、5人対1人にして、独自に補助金をつけている自治体もあります）。

　一人の子どもが感情を爆発させているときに、一斉に集団として子どもたちを動かしたり、同じ活動をすると、子どもも保育士等もお互いにつらい状況になることがあるでしょう。応答的な対応が必要な時は、担当保育士等がじっくりと1対1でかかわれるように、ほかの職員と連携してその時間を保証できる保育環境を構成することが必要です。子どもたちと応答的にかかわることを優先した保育を行うために、柔軟に対応できるよう日頃から職員間で話し合っておきましょう。

(2) ねらい及び内容

ア　健康
　健康な心と体を育て、自ら健康で安全な生活をつくり出す力を養う。
(ア)　ねらい
　① 明るく伸び伸びと生活し、自分から体を動かすことを楽しむ。
　② 自分の体を十分に動かし、様々な動きをしようとする。
　③ 健康、安全な生活に必要な習慣に気付き、自分でしてみようとする気持ちが育つ。
(イ)　内容
　① 保育士等の愛情豊かな受容の下で、安定感をもって生活をする。
　② 食事や午睡、遊びと休息など、保育所における生活のリズムが形成される。
　③ 走る、跳ぶ、登る、押す、引っ張るなど全身を使う遊びを楽しむ。
　④ 様々な食品や調理形態に慣れ、ゆったりとした雰囲気の中で食事や間食を楽しむ。
　⑤ 身の回りを清潔に保つ心地よさを感じ、その習慣が少しずつ身に付く。
　⑥ 保育士等の助けを借りながら、衣類の着脱を自分でしようとする。
　⑦ 便器での排泄に慣れ、自分で排泄ができるようになる。
(ウ)　内容の取扱い
　上記の取扱いに当たっては、次の事項に留意する必要がある。
　① 心と体の健康は、相互に密接な関連があるものであることを踏まえ、子どもの気持ちに配慮した温かい触れ合いの中で、心と体の発達を促すこと。特に、一人一人の発育に応じて、体を動かす機会を十分に確保し、自ら体を動かそうとする意欲が育つようにすること。
　② 健康な心と体を育てるためには望ましい食習慣の形成が重要であることを踏まえ、ゆったりとした雰囲気の中で食べる喜びや楽しさを味わい、進んで食べようとする気持ちが育つようにすること。なお、食物アレルギーのある子どもへの対応については、嘱託医等の指示や協力の下に適切に対応すること。
　③ 排泄の習慣については、一人一人の排尿間隔等を踏まえ、おむつが汚れていないときに便器に座らせるなどにより、少しずつ慣れさ

せるようにすること。
④　食事、排泄、睡眠、衣類の着脱、身の回りを清潔にすることなど、生活に必要な基本的な習慣については、一人一人の状態に応じ、落ち着いた雰囲気の中で行うようにし、子どもが自分でしようとする気持ちを尊重すること。また、基本的な生活習慣の形成に当たっては、家庭での生活経験に配慮し、家庭との適切な連携の下で行うようにすること。

• 解 説 •

　身体機能の発達にともない、子どもは自分の体を思うように動かす楽しさを知ります。歩きはじめの探索活動から、遊びを通して、走る、跳ぶ、登る、押す、引っ張るなど全身を動かすことを意欲的に行おうとします。思う存分体を動かすためには、まず子どもが自分のなかに安心感を抱いていることが前提となります。その安心感は、保育の場であれば身近な大人である保育士等が子どもを受け入れ、認め、励ますことで培われます。子どもは親しみを感じる大人（保育士等）が見守ってくれているという安心感をもとに、さまざまな環境にかかわっていこうとするのです。
　また身体機能の健全な発達のためには、「食事や午睡、遊びと休息など」の生活リズムを整えることも重要です。個々の家庭環境や発達状況の違いもあり、最初から保育所での子どもたちの生活リズ

ムが一律にそろうことはないかもしれません。子どもによって、おなかがすいたり、眠くなったりする時間が異なることもあるでしょう。そのような場合にも、無理やり保育所の生活リズムに押し込めようとするのではなく、おおらかな気持ちでまずは子どもの生理的欲求を満たし、家庭とも連携をしたうえで、徐々に保育所の生活リズムになじめるような援助が求められます。

　生活リズムが安定するにしたがい、子どもは保育所での生活に見通しがもてるようになります。朝登園し、午前中、存分に体を動かして遊ぶ。そして空腹を感じるころに給食をゆったりとした楽しい雰囲気のなかで食べ、体を動かした心地よい疲労と満腹感から午睡に入り、すっきり目覚めた後に、おやつや遊びを楽しむ。その活動の節目には、外から帰った後の手洗い、汚れた服を着替えたり、食事の後の手指や口まわりを拭き、さっぱりとした心地よさを味わったり、口の中を清潔にしたりと、保育士等の援助を受けながら、生活リズムの一環として生活習慣を少しずつ身につけていくことができるのです。

　今回の改正で、排泄については「便器での排泄に慣れ、自分で排泄ができるようになる」と明記されました。このように、3歳までの排泄の自立が目標として設定された点も特筆すべきことといえます。

・実践の工夫・

　ある保育所の2歳児クラスの例です。この保育所では緩やかな担当制（食事や排泄といった生活面のみ担当制で、遊び等はクラス全体で保育士等がみる）となっています。室内の構成も、遊びのコーナーと食事や睡眠といった生活のコーナーが工夫して分けられています。

　担当保育士等は、子どもの遊びの様子と家庭から聞き取った朝食時間から類推される空腹感を見計らいながら、食事のコーナーで給食の準備を行います。その間、ほかの保育士等が子どもたちの遊びを援助しています。自分の担当の先生が給食の準備を始めたことに気づいた子どもが、しだいにテーブルに集まってきて、個別に「いただきます」と食事を始めます。

　そのグループが食事を終えるころ、ほかのグループが食事の支度に入るといった小グループでの保育が展開されています。

　その様子はとても穏やかで、子どもたちも落ち着いて、自分たちなりに生活の見通しをもって行動している姿がみられました。子どもの状態に合わせた生活リズムの構築が集団生活でも可能である実例といえます。

2　1歳以上3歳未満児の保育に関わるねらい及び内容

(2) ねらい及び内容

イ　人間関係
　他の人々と親しみ、支え合って生活するために、自立心を育て、人と関わる力を養う。
(ｱ)　ねらい
　① 保育所での生活を楽しみ、身近な人と関わる心地よさを感じる。
　② 周囲の子ども等への興味や関心が高まり、関わりをもとうとする。
　③ 保育所の生活の仕方に慣れ、きまりの大切さに気付く。
(ｲ)　内容
　① 保育士等や周囲の子ども等との安定した関係の中で、共に過ごす心地よさを感じる。
　② 保育士等の受容的・応答的な関わりの中で、欲求を適切に満たし、安定感をもって過ごす。
　③ 身の回りに様々な人がいることに気付き、徐々に他の子どもと関わりをもって遊ぶ。
　④ 保育士等の仲立ちにより、他の子どもとの関わり方を少しずつ身につける。
　⑤ 保育所の生活の仕方に慣れ、きまりがあることや、その大切さに気付く。
　⑥ 生活や遊びの中で、年長児や保育士等の真似をしたり、ごっこ遊びを楽しんだりする。
(ｳ)　内容の取扱い
　上記の取扱いに当たっては、次の事項に留意する必要がある。
　① 保育士等との信頼関係に支えられて生活を確立するとともに、自分で何かをしようとする気持ちが旺盛になる時期であることに鑑み、そのような子どもの気持ちを尊重し、温かく見守るとともに、愛情豊かに、応答的に関わり、適切な援助を行うようにすること。
　② 思い通りにいかない場合等の子どもの不安定な感情の表出については、保育士等が受容的に受け止めるとともに、そうした気持ちから立ち直る経験や感情をコントロールすることへの気付き等につなげていけるように援助すること。
　③ この時期は自己と他者との違いの認識がまだ十分ではないことか

ら、子どもの自我の育ちを見守るとともに、保育士等が仲立ちとなって、自分の気持ちを相手に伝えることや相手の気持ちに気付くことの大切さなど、友達の気持ちや友達との関わり方を丁寧に伝えていくこと。

2　1歳以上3歳未満児の保育に関わるねらい及び内容

・解説・

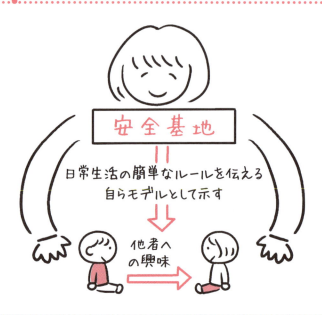

　人間関係の基礎は基本的信頼感と愛着です。乳児から続くこの時期に、こうした関係を強固に築けるかどうかが大切なポイントになります。

　自分と他者との境界があいまいだった乳児期を経て、自分と他者との区別が何となくつきはじめるこの時期、子どもたちは周囲の他者とかかわるための心のよりどころ、安全基地を必要とします。保育所における身近な保育士等が、子どもに愛情をもってていねいに受容的・応答的にかかわることで、安全基地が構築されていくのです。安全基地があるからこそ、子どもは他者に興味を抱き、自ら積極的にかかわりをもとうとします。加えて、やりたいことに取り組む力も育まれていきます。

　自分が不安になったとき、帰れる場所があるということが子ども

の心身の安定につながることを忘れてはなりません。子どものすべてを温かく受け入れ、一人ひとりをよく見て、この子のよさはどんなところなのか、どのように過ごすと安心するのか、どのような場面で心地よさを感じるのかを見極める必要があります。子どもの行動や思いをありのままに受け入れ、温かなまなざしで見守ることで、子どもにとっての安全基地としての機能を果たすことが求められているのです。

　安全基地である大人の存在は、子どもにとってのロールモデルとなる役割があります。保育所のなかで安心できる大人の一人である保育士等が、自分の考えや気持ちを表情や言葉で表すことで、子どもたちは徐々に相手にも感情があることに気づいていきます。また、自分がほかの子どもとかかわりをもとうとする時に、うまくかかわれないことで葛藤(かっとう)が起きたり、どうしたらいいのかわからなかったりすることがあります。そんな時、保育士等は子どもの行動を否定するのではなく、まずは「一緒に遊びたかったんだね」と丸ごと受け止め、「じゃあ、こうしてみようか」と自らモデルを示すことで、徐々にかかわり方を身につけることができるのです。

　日常生活の簡単なルールを繰り返し、根気よく伝えたり手本を示したりすることで、子どもが自らルールの大切さに気づき、身につけていけるように、また年長児などほかの子どもの存在をモデルとすることができる機会ととらえ、互いに楽しんで交流できる場を設定することが求められています。

2 1歳以上3歳未満児の保育に関わるねらい及び内容

・ 実践の工夫 ・

　「過密は噛みつき？」。この時期の子どもは、気持ちが言葉で十分に言い表せないことから、ほかの子どもとかかわる時に、噛みつきやひっかきなど、保育士等にとっては困った状態が引き起こされることがあります。

　1歳児クラスで起きやすいのが、玩具の取り合いからのトラブルです。年齢が低いうちは、トラブル自体を回避するために、子どもに見合った数の玩具を準備したり、狭い空間で子どもを1か所に集めて遊ばせたりしないなどの配慮が必要です。

　2歳児くらいのクラスになると、やった子どもにも理由があり、やられた子どもには不快感が残ります。でも、まだ言葉にできません。そこで保育士等が「これが欲しかったんだよね」「でも噛みつくと痛いよね」等、両方の気持ちを代弁し、仲介していくことで、相手の気持ちや状況に応じた対応や言い方に気づけるよう、子どもを援助することが大切になります。

(2) ねらい及び内容

ウ　環境

　周囲の様々な環境に好奇心や探究心をもって関わり、それらを生活に取り入れていこうとする力を養う。

(ア) ねらい
① 身近な環境に親しみ、触れ合う中で、様々なものに興味や関心をもつ。
② 様々なものに関わる中で、発見を楽しんだり、考えたりしようとする。
③ 見る、聞く、触るなどの経験を通して、感覚の働きを豊かにする。

(イ) 内容
① 安全で活動しやすい環境での探索活動等を通して、見る、聞く、触れる、嗅ぐ、味わうなどの感覚の働きを豊かにする。
② 玩具、絵本、遊具などに興味をもち、それらを使った遊びを楽しむ。
③ 身の回りの物に触れる中で、形、色、大きさ、量などの物の性質や仕組みに気付く。
④ 自分の物と人の物の区別や、場所的感覚など、環境を捉える感覚が育つ。
⑤ 身近な生き物に気付き、親しみをもつ。
⑥ 近隣の生活や季節の行事などに興味や関心をもつ。

(ウ) 内容の取扱い

　上記の取扱いに当たっては、次の事項に留意する必要がある。
① 玩具などは、音質、形、色、大きさなど子どもの発達状態に応じて適切なものを選び、遊びを通して感覚の発達が促されるように工夫すること。
② 身近な生き物との関わりについては、子どもが命を感じ、生命の尊さに気付く経験へとつながるものであることから、そうした気付きを促すような関わりとなるようにすること。
③ 地域の生活や季節の行事などに触れる際には、社会とのつながりや地域社会の文化への気付きにつながるものとなることが望ましいこと。その際、保育所内外の行事や地域の人々との触れ合いなどを通して行うこと等も考慮すること。

2　1歳以上3歳未満児の保育に関わるねらい及び内容

解説

　「環境」の領域で大切にされているのは、子どもの「好奇心」と「探究心」です。実際に見るもの触れるものを通して、子どもたちは学びの芽を育んでいきます。身体機能の発達から行動範囲が広がり、自分を取り囲むすべてのものに興味をもち、自ら意欲的にかかわっていこうとします。

　保育士等は子どもの発達段階に応じて、探索行動が存分に行えるように、安全な環境を構成し、十分な時間を確保しなくてはなりません。そして、子どもが発見した喜びや不思議に感じる気持ちを、言葉で表現して子どもに伝え、一緒に共感することで、さらに子どもの好奇心と探究心という学びの芽を伸ばしていくことができます。子どもは、基本的信頼感と愛着が形成された保育士等を安全基地として、自分の周囲の世界を広げていくのです。

子どもにとって、玩具、絵本、遊具も遊びの世界を広げていくツールになります。手指の操作が巧みになるにつれ、つまむ、重ねる、出し入れするといった動作や、物に対してさまざまなかかわり方を試しながら遊ぶ姿がみられるようになります。保育士等は子どもたちの操作性の段階や何に興味をもっているかを観察し、その段階に合った玩具を用意する必要があります。

　また、少し先の発達段階や興味・関心の行方を予想しながら、遊びを広げられるよう玩具を入れ替えたり、違う種類を足したりします。子どもと一緒に遊ぶなかで、遊びの幅や子どものイメージが広がるような言葉かけを行い、楽しさを共有することも重要な援助となります。

　自他の区別がつき始めたこの時期には、「自分のもの」や「自分の場所」が理解できるようになります。自分のロッカーや靴箱の位置がわかり、そこに自分のマークシールなどが貼られていると、自分の場所であるという確信と安心感がわきます。発達するにつれ、自分以外の友だちのマークや位置も理解する子どもがいて、友だちに場所を教えたり、帽子やコップなどを手渡しする姿もみられます。このように保育士等は、子どもが居心地のよさを感じられるような環境を整えることが求められています。

　さらに、日常の保育所生活のなかで、身近な生き物と触れ合う機会や園外散歩、伝統行事への参加などを通して、地域の人々と子どもがかかわりをもてる機会を積極的に計画することも、保育士等の大切な役割です。

実践の工夫

　子どもの遊びを広げるため、保育士等は子どもの目線で一緒に遊ぶことが多いと思います。たとえば2歳児クラスになると、ままごとなど生活場面を再現する遊びが盛んになります。しかしその内容は、時代とともに変化していることに気づくと思います。

　幼少期を過ごした時代が違うと、標準とされていた家族の形態や文化も異なる可能性があります。さまざまな世代の保育士等が複数担任であるクラスならば、各保育士等の経験した遊び方も一人ひとり違うのではないでしょうか。子どもたちに豊かな遊びの体験を提供するために、職員同士で一度、ごっこ遊び等を真剣にしてみるのもいいかもしれません。互いの経験を持ち寄ることで、保育の幅も広がり、遊びの引き出しが増えるのではないでしょうか。

(2) ねらい及び内容

エ　言葉
　　経験したことや考えたことなどを自分なりの言葉で表現し、相手の話す言葉を聞こうとする意欲や態度を育て、言葉に対する感覚や言葉で表現する力を養う。

(ア) ねらい
① 言葉遊びや言葉で表現する楽しさを感じる。
② 人の言葉や話などを聞き、自分でも思ったことを伝えようとする。
③ 絵本や物語等に親しむとともに、言葉のやり取りを通じて身近な人と気持ちを通わせる。

(イ) 内容
① 保育士等の応答的な関わりや話しかけにより、自ら言葉を使おうとする。
② 生活に必要な簡単な言葉に気付き、聞き分ける。
③ 親しみをもって日常の挨拶に応じる。
④ 絵本や紙芝居を楽しみ、簡単な言葉を繰り返したり、模倣をしたりして遊ぶ。
⑤ 保育士等とごっこ遊びをする中で、言葉のやり取りを楽しむ。
⑥ 保育士等を仲立ちとして、生活や遊びの中で友達との言葉のやり取りを楽しむ。
⑦ 保育士等や友達の言葉や話に興味や関心をもって、聞いたり、話したりする。

(ウ) 内容の取扱い
　　上記の取扱いに当たっては、次の事項に留意する必要がある。
① 身近な人に親しみをもって接し、自分の感情などを伝え、それに相手が応答し、その言葉を聞くことを通して、次第に言葉が獲得されていくものであることを考慮して、楽しい雰囲気の中で保育士等との言葉のやり取りができるようにすること。
② 子どもが自分の思いを言葉で伝えるとともに、他の子どもの話などを聞くことを通して、次第に話を理解し、言葉による伝え合いができるようになるよう、気持ちや経験等の言語化を行うことを援助するなど、子ども同士の関わりの仲立ちを行うようにすること。

2 1歳以上3歳未満児の保育に関わるねらい及び内容

③　この時期は、片言から、二語文、ごっこ遊びでのやり取りができる程度へと、大きく言葉の習得が進む時期であることから、それぞれの子どもの発達の状況に応じて、遊びや関わりの工夫など、保育の内容を適切に展開することが必要であること。

解　説

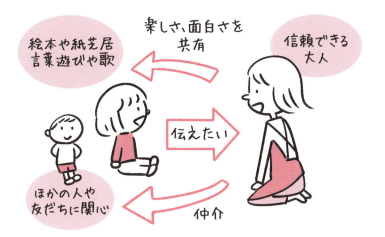

　乳児期の喃語(なんご)を経て、個人差は大きいものの、意味のある片言、そして2語文と、急速に言葉を獲得していくこの時期における保育士等のかかわりはきわめて重要です。それは、子どもが自分の思いや知らせたいことをわかってほしい、伝えたいという気持ちが言葉を発する原動力になるためです。子どもにとって保育所における身近な大人、保育士等が伝えたいと思う対象となるには、子どもにとって安心できる存在であることが大切です。温かく応答的な対応を積み重ねていくなかで、子どもにとって信頼できる大人となることが要(かなめ)となります。そして信頼できる大人との言葉のやりとりを基盤にして、子どもが他者との言葉でのかかわりを豊かに広げていけるような援助を行うことが求められています。

　子どもにとって話したい、伝えたいと思う対象になることと同時

に、保育士等は適切な言葉を使うモデルになることも忘れてはなりません。生活に必要な言葉や日常のあいさつなど、保育士等が使う言葉を子どもはよく聞き、覚えていきます。保育士等は自分の行動と使う言葉が、子どもに大きな影響を与えることを常に意識し、場面に合った言葉をていねいに使うことを心がけることが必要でしょう。

　また、子どもが新しい言葉にふれたり、その言葉のもつイメージを広げたりするには、絵本や紙芝居、言葉遊びや歌などがあります。言葉そのものの音や響き、リズムの面白さなどを子どもが感じることで、子どものなかに言葉の芽がどんどん育っていきます。保育士等は子どもと一緒にその楽しさ、面白さを共有することで、さらに子どもが言葉に興味をもてるようにしたいものです。

　遊びを通しても言葉の獲得は盛んに行われます。ごっこ遊びでのやりとりや探索活動のなかで自分が見つけたものを保育士等に知らせ、保育士等がそれを言葉で表現したことを聞くなどして、言葉の幅を広げていきます。自我の発達とともに、ほかの人や友だちに関心をもつこの時期には、自分が獲得した言葉を使って相手に伝えようとする姿がみられます。しかし、まだ自分が中心の時期ですから、相手も伝えたいことがあることに気づかないこともあります。そんな時には、保育士等が双方の伝えたいことを、子どもの気持ちをくみ取り、言葉を足して仲介します。そうすることで、言葉のやりとりのモデルを示し、相手にも気持ちや考えがあることに気づき、相手の思いを聞こうとする態度を育てることが大切です。

• 実践の工夫 •

　1歳児や2歳児クラスの子どもを見ていると、言葉を発することに関しても本当に個人差が大きいと感じます。自分の見たものや聞いたものすべてに声を発し、盛んに保育士等に知らせてくれる子どももいれば、言葉数は少なくても保育士等の言っていることに理解を示し、表情やしぐさ、視線で返してくれる子もいます。保育士等は一人ひとりの現在の発達をとらえ、的確な対応が求められます。

　言葉を獲得する時期の子どもに、たくさん話しかけることは大切な援助です。しかし、子どもが自分で伝えたいという芽を、保育士等が言葉を先取りすることで押さえつける結果にならないよう配慮が必要です。子どもの今の気持ちを想像し、表情、口元などをよく観察し、自分で話そうという意欲を励ましながら待つ忍耐力が、保育士等には求められているのです。

　「応答的にかかわる」。言葉にすると簡単なようですが、真に応答的とはどういうことなのか、職員間で話し合い、吟味することで、自らの専門性を高めることにつながるのではないでしょうか。

2 1歳以上3歳未満児の保育に関わるねらい及び内容

(2) ねらい及び内容

オ 表現

　感じたことや考えたことを自分なりに表現することを通して、豊かな感性や表現する力を養い、創造性を豊かにする。

(ア) ねらい
　① 身体の諸感覚の経験を豊かにし、様々な感覚を味わう。
　② 感じたことや考えたことなどを自分なりに表現しようとする。
　③ 生活や遊びの様々な体験を通して、イメージや感性が豊かになる。

(イ) 内容
　① 水、砂、土、紙、粘土など様々な素材に触れて楽しむ。
　② 音楽、リズムやそれに合わせた体の動きを楽しむ。
　③ 生活の中で様々な音、形、色、手触り、動き、味、香りなどに気付いたり、感じたりして楽しむ。
　④ 歌を歌ったり、簡単な手遊びや全身を使う遊びを楽しんだりする。
　⑤ 保育士等からの話や、生活や遊びの中での出来事を通して、イメージを豊かにする。
　⑥ 生活や遊びの中で、興味のあることや経験したことなどを自分なりに表現する。

(ウ) 内容の取扱い
　上記の取扱いに当たっては、次の事項に留意する必要がある。
　① 子どもの表現は、遊びや生活の様々な場面で表出されているものであることから、それらを積極的に受け止め、様々な表現の仕方や感性を豊かにする経験となるようにすること。
　② 子どもが試行錯誤しながら様々な表現を楽しむことや、自分の力でやり遂げる充実感などに気付くよう、温かく見守るとともに、適切に援助を行うようにすること。
　③ 様々な感情の表現等を通じて、子どもが自分の感情や気持ちに気付くようになる時期であることに鑑み、受容的な関わりの中で自信をもって表現をすることや、諦めずに続けた後の達成感等を感じられるような経験が蓄積されるようにすること。
　④ 身近な自然や身の回りの事物に関わる中で、発見や心が動く経験が得られるよう、諸感覚を働かせることを楽しむ遊びや素材を用意するなど保育の環境を整えること。

• 解 説 •

　歩行が始まり、探索行動も活発になるこの時期、子どもは見る、聞く、嗅ぐ、味わう、触れるといった五感をフル活用して周囲の環境にかかわっていきます。そして自分が得た経験や感動を、その子どもなりの方法を使って、周囲の信頼を寄せる大人や友だちに知らせていこうとします。保育士等は、子どもの知らせようとすることに興味と関心を示し、共感をもって受け止めることで、子どもの伝えようとする意欲を育てることが必要となります。そのためにも、それぞれの子どもが今、何を見つけ、何を感じ、何を伝えようとしているのかを観察し、一緒にその感覚を楽しむなどの援助を行います。
　身近な大人である保育士等が、自分の感覚を研ぎ澄まし、豊かな感性をもつことも大切な要素の１つです。四季の移り変わりで変化

する自然環境、ふと見上げた空の色や雲の流れ、園庭の片隅で見つけた虫等、子どもと同じ目の高さと気持ちで、発見したものに純粋に感動し、共有する喜びを感じることができる大人でありたいものです。共有するときは、「すごいね」「きれいだね」だけではなく、「ふわふわの雲だね。まるで綿菓子みたい」等、具体的な表現の言葉を添えることで、子どものイメージの幅も広がります。

　子どもの経験を広げるための環境構成を行うことも、保育士等の役割です。身近な自然素材である水、砂、土。子どもたちの創作活動に活躍する、紙、粘土、クレヨンや絵具といった素材。子どもが安全かつ十分に素材に触れ、感触を確かめることのできる環境と時間を日々の保育時間のなかで用意します。また、音楽やリズム、歌、手遊び等に慣れ親しむことも、表現への意欲につながります。特にピアノ等の楽器や保育士等の歌声、手拍子等の生の音は、子どもの耳にも心地よく響きます。子どもの発達段階に合ったリズムや速さ、歌詞（言葉）の内容にも配慮したいものです。

　もう1つ表現の領域で大切にされていることは、子どもの「試行錯誤」です。子ども自身が自分でやろうとする気持ちを尊重し、まずはやってみる。最初からうまくいかないことも多いでしょうが、保育士等が先回りをして正解を示すのではなく、子どもが興味・関心に基づき、自分で表現しようとする過程を見守り、時には適切な援助を行うことが、子どものやり遂げようとする意欲を育むのです。

• 実践の工夫 •

　この時期の子どもは、自分たちの手や肌で触れることから感触を確かめていきます。水遊び1つを例にとっても、乳児の頃には、ぱちゃぱちゃと水の感触に親しむだけだったのが、1歳児クラスでは道具を使い、コップや小さいバケツに繰り返しくんではこぼしたり、ペットボトルでつくったじょうろでシャワー遊びをしたりする等、水の変化を楽しむ姿がみられます。

　また2歳児クラスになると、泡をつくったり片栗粉などを水に溶かして、握る感触を楽しんだりするなど、遊びの幅も広がっていきます。保育士等に見守られながら、友だちと歓声をあげ、感触を楽しみ、不思議さや面白さを共有し、満足するまで遊ぶことで、心も体も育っていくのです。

　実際にさまざまな環境を体験するなかで、子どもの興味・関心を引き出すような素材や身近な道具を、発達に応じて適切に提供していくことが、保育士等に求められています。

(3) 保育の実施に関わる配慮事項

ア　特に感染症にかかりやすい時期であるので、体の状態、機嫌、食欲などの日常の状態の観察を十分に行うとともに、適切な判断に基づく保健的な対応を心がけること。

イ　探索活動が十分できるように、事故防止に努めながら活動しやすい環境を整え、全身を使う遊びなど様々な遊びを取り入れること。

ウ　自我が形成され、子どもが自分の感情や気持ちに気付くようになる重要な時期であることに鑑み、情緒の安定を図りながら、子どもの自発的な活動を尊重するとともに促していくこと。

エ　担当の保育士が替わる場合には、子どものそれまでの経験や発達過程に留意し、職員間で協力して対応すること。

• 解 説 •

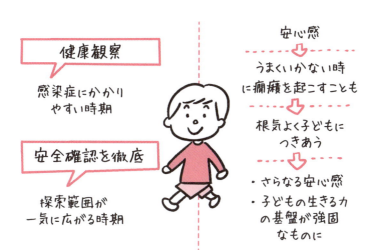

　この時期の子どもは感染症にかかりやすいため、日頃から健康観察が重要となります。突然の発熱、嘔吐、下痢、一日ぐずぐずして機嫌が悪いといった体調の変化を見過ごさず、嘱託医(しょくたくい)や看護師等の配置があれば意見を聞き、必要に応じて保護者に連絡をとり、早めの病院受診をお願いするなどの対応をとりましょう。

　また、歩行が始まり、探索範囲が一気に広がる時期でもあります。あちこち子どもが探索しても危険がないように、保育室内外の安全確認を徹底しましょう。子どもは、大人が予想しない行動や動きをする場合もあるので、保育士等は子どもから目も心も離さず、見守る必要があります。子どもはまだ自分で安全を確保することができません。しかし、安全を優先するあまり、子どもの探索行動の範囲や内容を狭めたり、必要以上に制限することのないよう十分に注意

しましょう。

　心身の成長にともない自我が出てきた子どもは、自分で何でもやりたいという気持ちと、うまくいかないという現実の間で、癇癪(かんしゃく)を起こす姿もみられます。保育所で癇癪を爆発させることができるのは、保育士等や保育所という場所に対して子どもが安心感を抱いており、ありのままの自分を出すことができている証でもあります。保育士等がその気持ちの爆発をありのまま受け入れ、根気よく子どもにつきあうことで、さらにその安心感が高まり、情緒も安定します。その安心感をもとに子どもが積極的に環境にかかわろうとすることを、保育士等が愛情をもって受け入れ、側面から支え、励まし見守ることで、子どもの生きる力の基盤を強固なものにすることができるのです。

　さまざまな事情や年度替わりの配置転換などで、担当保育士等が交替することもあるかと思います。子どもにとっては、ある日突然自分の安全基地がなくなるわけですから、そのダメージは大人には計り知れないものがあるでしょう。大人の事情でやむを得ないこととはいえ、子どもへのダメージを少なくするためにも、きちんと次の担当に引き継ぎをすることが必要です。子どもの生育環境、発達過程、さらにその子が安心する場所や行動、アイテムなど特に留意する点も知らせ、新しい担当がスムーズにその子どもにかかわれるよう配慮することが大切です。

・実践の工夫・

　1歳児や2歳児クラスでは、幼児クラスに比べて体調を崩しやすく、保護者への連絡が多くなる傾向があります。保育の現場で、仕事で忙しい保護者の状況を考えると、どのようなタイミングで連絡を入れるべきか悩むことがあるかもしれません。

　例えばある保育所では「直後連絡票」を導入しています。これは、年度の始めや入園時に保護者に記入してもらうものです。発熱（何度以上）、食欲不振、嘔吐、下痢、打撲の怪我等で「これがあったらすぐに連絡をしてほしい」というものに、事前にチェックを入れてもらいます。チェックが入っているものに関しては、「直後連絡票にチェックがあったので、ご連絡させていただきました」と話すことができるので、連絡の判断に迷うことがありません。もちろん、チェックがない場合でも、子どもの状態によってはすぐに連絡します。連絡する際も、だらだらとした説明にならないように「緊急性の有無」「いつもと様子がどう違うのか」等、具体的に話すことを心がけるといいかもしれません。

3 3歳以上児の保育に関するねらい及び内容

(1) 基本的事項

ア　この時期においては、運動機能の発達により、基本的な動作が一通りできるようになるとともに、基本的な生活習慣もほぼ自立できるようになる。理解する語彙数が急激に増加し、知的興味や関心も高まってくる。仲間と遊び、仲間の中の一人という自覚が生じ、集団的な遊びや協同的な活動も見られるようになる。これらの発達の特徴を踏まえて、この時期の保育においては、個の成長と集団としての活動の充実が図られるようにしなければならない。

イ　本項においては、この時期の発達の特徴を踏まえ、保育の「ねらい」及び「内容」について、心身の健康に関する領域「健康」、人との関わりに関する領域「人間関係」、身近な環境との関わりに関する領域「環境」、言葉の獲得に関する領域「言葉」及び感性と表現に関する領域「表現」としてまとめ、示している。

ウ　本項の各領域において示す保育の内容は、第1章の2に示された養護における「生命の保持」及び「情緒の安定」に関わる保育の内容と、一体となって展開されるものであることに留意が必要である。

• 解 説 •

　今回の保育指針改正の特徴の1つである「幼児教育の積極的な位置づけ」は、この「3歳以上児の保育に関するねらい及び内容」に大きくかかわっている部分です。
　特に、「乳児保育」と「1歳以上3歳未満児の保育」を切り離して、「3歳以上児の保育」を年齢的に明確に区分することで、3歳以上児特有の集団を活かした保育がイメージしやすくなる方向性を示しているとともに、「ねらい及び内容」について、「3歳以上児の保育」と幼稚園教育要領の「第2章　ねらい及び内容」を大きく一致させることで、保育所保育においても幼児教育を担うということを明確に示しているのです。
　この「3歳以上児の保育」だからこそできる「集団的な遊びや協同的な活動」が幼児教育の中心であり、「知的な興味や関心」を中

3 3歳以上児の保育に関するねらい及び内容

心におきながら「仲間」と遊びを展開し、そのなかで、自分自身が「仲間」の一員として行動できることが保育の方向性とされています。

5領域に関する項目については、今までの保育指針から変更はありませんが、「ねらい及び内容」に加えて、新たに「内容の取扱い」という項目が加わっています。これは、幼稚園教育要領には今までも記載されてきたものですが、旧保育指針では、「3歳以上児の保育に関わる配慮事項」として部分的に記載されていました。

「内容の取扱い」では、「ねらい及び内容」に関して、ていねいに目的や目標を取り上げ、そこへ向かうための配慮事項が書かれています。「ねらい及び内容」を中心にていねいに保育を展開していくうえで、「内容の取扱い」をしっかりと理解しておく必要があるでしょう。

また、留意すべきことは、保育指針にもあるように養護と教育を一体的に展開するということです。従来の保育所保育の特徴であるこの「一体」については、すでに十分理解されていることとは思いますが、養護における「生命の保持」および「情緒の安定」にかかわる保育内容が「第1章　総則」に移動していることで、養護がこの5領域の保育全体を支える土台として位置づけられているととらえることもできるでしょう。養護の理解を十分にしたうえで、「ねらい及び内容」だけが先行することのないように心がけておきたいものです。

• 実践の工夫 •

　保育において何より大切にしたいことは、養護を土台として、環境と教育を一体化させた保育を行うという姿勢です。それは、保育士等が保育環境構成の充実と子どもの主体性から生み出される保育を進めていこうとすることであり、その連続的で長期的な活動の展開には、保育士等の役割が大きく影響してくるからです。
　子どもは、紙飛行機をつくれば、もっとたくさんつくりたい、もっと遠くに飛ばしたい、もっと違うデザインの飛行機にしたいといったように、多くの願い・意欲が次々とあふれ出てくるものです。その遊びを充実させていくために作用するのが、保育士等が考える保育環境と子どもの願いに寄り添った援助になります。
　いつでも紙飛行機をつくることができて、いつでも飛ばすことができる空間があるという環境、また、様子を見守りながらも、うまく飛ばせない子どもに飛ばすためのヒントや紙飛行機を手直しするために一緒に考えるといったかかわりや援助など、遊びの継続性が遊びの充実につながっていくことを十分に理解し、日々積み重ねていく必要があるのです。
　このようなかかわりを繰り返していきながら、子ども主体で始

まった遊び・活動を展開していくことが、深い学びにつながっていくのです。

(2) ねらい及び内容

ア　健康

健康な心と体を育て、自ら健康で安全な生活をつくり出す力を養う。

(ア)　ねらい
① 明るく伸び伸びと行動し、充実感を味わう。
② 自分の体を十分に動かし、進んで運動しようとする。
③ 健康、安全な生活に必要な習慣や態度を身に付け、見通しをもって行動する。

(イ)　内容
① 保育士等や友達と触れ合い、安定感をもって行動する。
② いろいろな遊びの中で十分に体を動かす。
③ 進んで戸外で遊ぶ。
④ 様々な活動に親しみ、楽しんで取り組む。
⑤ 保育士等や友達と食べることを楽しみ、食べ物への興味や関心をもつ。
⑥ 健康な生活のリズムを身に付ける。
⑦ 身の回りを清潔にし、衣服の着脱、食事、排泄(せつ)などの生活に必要な活動を自分でする。
⑧ 保育所における生活の仕方を知り、自分たちで生活の場を整えながら見通しをもって行動する。
⑨ 自分の健康に関心をもち、病気の予防などに必要な活動を進んで行う。
⑩ 危険な場所、危険な遊び方、災害時などの行動の仕方が分かり、安全に気を付けて行動する。

(ウ)　内容の取扱い

上記の取扱いに当たっては、次の事項に留意する必要がある。

① 心と体の健康は、相互に密接な関連があるものであることを踏まえ、子どもが保育士等や他の子どもとの温かい触れ合いの中で自己の存在感や充実感を味わうことなどを基盤として、しなやかな心と体の発達を促すこと。特に、十分に体を動かす気持ちよさを体験し、自ら体を動かそうとする意欲が育つようにすること。
② 様々な遊びの中で、子どもが興味や関心、能力に応じて全身を使っ

て活動することにより、体を動かす楽しさを味わい、自分の体を大切にしようとする気持ちが育つようにすること。その際、多様な動きを経験する中で、体の動きを調整するようにすること。

③　自然の中で伸び伸びと体を動かして遊ぶことにより、体の諸機能の発達が促されることに留意し、子どもの興味や関心が戸外にも向くようにすること。その際、子どもの動線に配慮した園庭や遊具の配置などを工夫すること。

④　健康な心と体を育てるためには食育を通じた望ましい食習慣の形成が大切であることを踏まえ、子どもの食生活の実情に配慮し、和やかな雰囲気の中で保育士等や他の子どもと食べる喜びや楽しさを味わったり、様々な食べ物への興味や関心をもったりするなどし、食の大切さに気付き、進んで食べようとする気持ちが育つようにすること。

⑤　基本的な生活習慣の形成に当たっては、家庭での生活経験に配慮し、子どもの自立心を育て、子どもが他の子どもと関わりながら主体的な活動を展開する中で、生活に必要な習慣を身に付け、次第に見通しをもって行動できるようにすること。

⑥　安全に関する指導に当たっては、情緒の安定を図り、遊びを通して安全についての構えを身に付け、危険な場所や事物などが分かり、安全についての理解を深めるようにすること。また、交通安全の習慣を身に付けるようにするとともに、避難訓練などを通して、災害などの緊急時に適切な行動がとれるようにすること。

解説

自己の存在感や充実感

心と体の発達
・体を動かす気持ちよさ ・意欲 ・興味や関心
・自分の体を大切にしようとする気持ち

食育
食べることを楽しみ、食べ物への興味や関心をもつ

健康及び安全
遊びを通して安全についての構えを身につけ危険な場所や物事などがわかり、安全についての理解を深める

　「健康」領域の内容は、大まかにとらえると「心と体の発達」「食」「基本的生活習慣の自立」「自己安全管理」の視点に分類されています。

　大きな特徴として、保育指針「第1章の4（2）幼児期の終わりまでに育ってほしい姿」の「ア　健康な心と体」に示されている「充実感をもって自分のやりたいことに向かって心と体を十分に働かせ」るという考え方を軸に改正されています。

　とりわけ留意したいのは「ねらい③」に「見通しをもって行動する」と追記されたことです。これは、自分の行動を自ら考えて管理できるようにしていくという、「子どもの主体性・自主性」を意識した内容になっています。同様に、「内容⑩」の「危険な遊び方」に関しても、自己をコントロールしながら正しい遊び方や行動がで

きるように育んでいくことが加筆されています。

　そこには、「内容の取扱い」にもあるように、3歳未満児までに育てられてきた「自己の存在感や充実感」というものを基礎として、「心と体の発達」、すなわち「体を動かす気持ちよさ」「意欲」「興味や関心」「自分の体を大切にしようとする気持ち」を育てていくという想い（細やかな目標）が存在しているのです。

　また、保育指針第3章の「2　食育の推進」に関連して、「健康」領域に「食」に関する内容も追加されています。人が生きていくうえで大切な要素となる「食育」は、単に「食」に関する知識や学びを経験させるのではなく、「食」に対する子ども一人ひとりの興味・関心を育んでいくことが大切なねらいであるために、「食べることを楽しみ、食べ物への興味や関心をもつ」と記されています。

　補足として、別の視点で心にとめておきたいことは、第1章の4の（2）の「ア　健康な心と体」に関する記述にある「充実感をもって自分のやりたいことに向かって心と体を十分に働かせ」るためにも、第3章の「3　環境及び衛生管理並びに安全管理」の「（2）事故防止及び安全対策」に関連する第2章の3の（2）の「内容の取扱い⑥遊びを通して安全についての構えを身に付け、危険な場所や事物などが分かり、安全についての理解を深める」などといった事故防止のために必要な対策とのバランスをとることが大切であるということです。

　安全管理については第3章にて詳細に説明されていますが、子どもの主体的な活動を大切にしつつ、その子ども、そのクラス、その保育所の状況に合わせて考えていく必要があります。

· 実践の工夫 ·

ハートマークの
時間から
はじめましょう

　見通しをもって行動できれば、生活はしやすくなります。これは、大人にとってとても大切なことです。

　子どもたちにも同様で、一日の生活の予定がわかっていれば、その子なりにその後の行動を予想しながら、次に向かって主体的・自主的に行動することにつながります。

　そのためには、自分の行動を自己管理することでさまざまなことができる環境と、安定した生活リズムを築いていくことが大切です。ただし、保育士等が次の行動をうながすような言葉かけを繰り返すだけでは、保育士等による合図を常に待ち受けるという受け身の姿勢になってしまいます。

　例えば、朝の活動など、多くの子どもたちが登園した段階で、今日一日の日課を子どもたちと一緒に決めたり確認するようにすれば、子ども自身がその日の行動を意識して、注意を払うようになるでしょう。

　また、自分で考えて行動できるようにするために、時計を使って所定の時間まで遊んだり、この時間から始まるんだと理解して生活できるようにすることが必要です。

しかし、時計を理解して行動するのは難しいことも多いので、保育士等の援助として「30分まで」「45分から」などといった具体的な時間で伝えるのではなく、クラスの時計の30分のところにマークや矢印を付けて、「この矢印までに終わらせようね」「ハートマークの時間からはじめましょう」など、年齢に応じて子どもたちが視覚的に気づいて行動できる工夫をしたいものです。さらに、時計の文字盤の「2」の外側に10（分）、「6」の外側に30（分）を書き加えるといったように、時間の読み方がわかるようにしていく方法もいいと思います。

(2) ねらい及び内容

イ　人間関係

　他の人々と親しみ、支え合って生活するために、自立心を育て、人と関わる力を養う。

(ア) ねらい
① 保育所の生活を楽しみ、自分の力で行動することの充実感を味わう。
② 身近な人と親しみ、関わりを深め、工夫したり、協力したりして一緒に活動する楽しさを味わい、愛情や信頼感をもつ。
③ 社会生活における望ましい習慣や態度を身に付ける。

(イ) 内容
① 保育士等や友達と共に過ごすことの喜びを味わう。
② 自分で考え、自分で行動する。
③ 自分でできることは自分でする。
④ いろいろな遊びを楽しみながら物事をやり遂げようとする気持ちをもつ。
⑤ 友達と積極的に関わりながら喜びや悲しみを共感し合う。
⑥ 自分の思ったことを相手に伝え、相手の思っていることに気付く。
⑦ 友達のよさに気付き、一緒に活動する楽しさを味わう。
⑧ 友達と楽しく活動する中で、共通の目的を見いだし、工夫したり、協力したりなどする。
⑨ よいことや悪いことがあることに気付き、考えながら行動する。
⑩ 友達との関わりを深め、思いやりをもつ。
⑪ 友達と楽しく生活する中できまりの大切さに気付き、守ろうとする。
⑫ 共同の遊具や用具を大切にし、皆で使う。
⑬ 高齢者をはじめ地域の人々などの自分の生活に関係の深いいろいろな人に親しみをもつ。

(ウ) 内容の取扱い
　上記の取扱いに当たっては、次の事項に留意する必要がある。
① 保育士等との信頼関係に支えられて自分自身の生活を確立していくことが人と関わる基盤となることを考慮し、子どもが自ら周囲に

第2章　保育の内容

働き掛けることにより多様な感情を体験し、試行錯誤しながら諦めずにやり遂げることの達成感や、前向きな見通しをもって自分の力で行うことの充実感を味わうことができるよう、子どもの行動を見守りながら適切な援助を行うようにすること。

② 一人一人を生かした集団を形成しながら人と関わる力を育てていくようにすること。その際、集団の生活の中で、子どもが自己を発揮し、保育士等や他の子どもに認められる体験をし、自分のよさや特徴に気付き、自信をもって行動できるようにすること。

③ 子どもが互いに関わりを深め、協同して遊ぶようになるため、自ら行動する力を育てるとともに、他の子どもと試行錯誤しながら活動を展開する楽しさや共通の目的が実現する喜びを味わうことができるようにすること。

④ 道徳性の芽生えを培うに当たっては、基本的な生活習慣の形成を図るとともに、子どもが他の子どもとの関わりの中で他人の存在に気付き、相手を尊重する気持ちをもって行動できるようにし、また、自然や身近な動植物に親しむことなどを通して豊かな心情が育つようにすること。特に、人に対する信頼感や思いやりの気持ちは、葛藤やつまずきをも体験し、それらを乗り越えることにより次第に芽生えてくることに配慮すること。

⑤ 集団の生活を通して、子どもが人との関わりを深め、規範意識の芽生えが培われることを考慮し、子どもが保育士等との信頼関係に支えられて自己を発揮する中で、互いに思いを主張し、折り合いを付ける体験をし、きまりの必要性などに気付き、自分の気持ちを調整する力が育つようにすること。

⑥ 高齢者をはじめ地域の人々などの自分の生活に関係の深いいろいろな人と触れ合い、自分の感情や意志を表現しながら共に楽しみ、共感し合う体験を通して、これらの人々などに親しみをもち、人と関わることの楽しさや人の役に立つ喜びを味わうことができるようにすること。また、生活を通して親や祖父母などの家族の愛情に気付き、家族を大切にしようとする気持ちが育つようにすること。

• 解 説 •

目標
・試行錯誤しながら諦めずにやり遂げることの達成感
・前向きな見通しをもって自分の力で行うことの充実感

協同的な遊び

 道徳性の芽生えを培う

 規範意識の芽生え

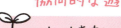

一人一人を大切にしながらも人とかかわる力を育てていく

　「人間関係」領域では、大まかにとらえると、まずは自己があり、その自己を中心とした人と人とのつながりをもとに「自立心」「協同性」「社会性」「道徳性・規範意識」といった視点で整理されて書かれています。

　旧保育指針で示されてきた内容に加えて、「幼児期の終わりまでに育ってほしい姿」の「ウ　協同性」に示されている「共通の目的の実現に向けて、考えたり、工夫したり、協力したり」するという考え方を受けて、「ねらい②」に「工夫したり、協力したりして一緒に活動する楽しさを味わう」、「内容⑧」に「工夫」「協力」、そして「内容⑩」に「思いやり」といった表現が盛り込まれていることが特徴といえます。

　それらは、「一緒に活動する楽しさ」と記されていますが、「遊び」

というものの意味や大切さを改めて取り上げていて、単なる他者とのかかわりを超えて「試行錯誤しながら諦めずにやり遂げることの達成感」や「前向きな見通しをもって自分の力で行うことの充実感」を集団の遊びのなかからともに学んでいくことを目標にすえています。同時に、他者とのかかわりや協力において、何かを他者にゆだねたり任せたりするのではなく、「自ら行動する力」を育むとともに、「人に対する信頼感や思いやりの気持ち」「共感し合う」こと、「人と関わることの楽しさ」や「人の役に立つ喜び」といった人間関係の深まりのなかで、気持ちが行動や態度に結びつくようになっていくことが大切です。そのためには、学び合っていくことによる育ちの要素に加え、それを取り巻く保育士等が留意するように記されています。

　また、「内容の取扱い③、④および⑤」では、「協同的な遊び」が「道徳性の芽生えを培う」ことや「規範意識の芽生え」につながっていくことについて、ていねいにふれています。そこでは、遊びのなかでの他者との人間関係を通して、自己と他者の存在や関係性を知るとともに、「相手を尊重する気持ち」に根ざした行動ができるように「豊かな心情」を育むことに留意しています。また「信頼関係」や「思いやり」といった気持ちをもとに、試行錯誤やいざこざ、折り合いなど共通の目的を実現する喜びのなかで自分の気持ちを調整できることが大切であるとしています。

　以上のことを顧みると、「人間関係」領域では、一人ひとりを大切にしながらも人とかかわる力を育てていくという保育所保育ならではの集団活動の充実を図るなかで、子どもを取り巻く小社会で多くのことを学ぶことができる環境を整えていくことが保育士等の役割として求められているといえるでしょう。

実践の工夫

　子どもは、さまざまな願いや想いを遊びのなかで形にしようとしますが、なかには一人ではできないものもありますし、友だちと一緒につくりたいという願いも現れてくるものです。そういった子どもの気持ちに寄り添って保育を進めていくことが、集団の学びの場である保育所の特性を活かした保育の展開につながっていくことになります。

　例えば、「ガチャガチャ」をつくって遊びたいとすると、ガチャガチャ本体をつくろうと考える子、ガチャガチャの景品をつくりたいと考える子がいるでしょう。本体をつくるには、カプセルが落ちてくる仕掛けを考える必要があり、景品をつくるには、みんなが欲しくなるような物が求められます。しかも景品は、カプセルに入る大きさでなければなりませんし、そのカプセル自体をどのように手に入れるのか、またはつくるのかを考える必要も出てきます。

　子どもたちの想いが多様であるのはすばらしいことですが、長期的・発展的に遊びが展開していくことを考えると、これらのさまざまなアイデアをまとめていく「対話」が必要となります。一人ひとりの想いをくみ取りながら、素材を集めたり、工夫しながら製作し

たり、カプセルがうまく落ちてくる仕掛けを試行錯誤しながらつくり上げていくことは、協同的な学びを深め、同時にコミュニケーションを土台とした社会性の育ちにつながっていきます。以上のことから、1つの遊びがみんなの遊びに変わるときに多くの学びがあり、多くの友だちとのかかわりの深まりが学びの深まりを支えているといえるのかもしれません。

(2) ねらい及び内容

ウ　環境

　周囲の様々な環境に好奇心や探究心をもって関わり、それらを生活に取り入れていこうとする力を養う。

(ア)　ねらい

① 身近な環境に親しみ、自然と触れ合う中で様々な事象に興味や関心をもつ。

② 身近な環境に自分から関わり、発見を楽しんだり、考えたりし、それを生活に取り入れようとする。

③ 身近な事象を見たり、考えたり、扱ったりする中で、物の性質や数量、文字などに対する感覚を豊かにする。

(イ)　内容

① 自然に触れて生活し、その大きさ、美しさ、不思議さなどに気付く。

② 生活の中で、様々な物に触れ、その性質や仕組みに興味や関心をもつ。

③ 季節により自然や人間の生活に変化のあることに気付く。

④ 自然などの身近な事象に関心をもち、取り入れて遊ぶ。

⑤ 身近な動植物に親しみをもって接し、生命の尊さに気付き、いたわったり、大切にしたりする。

⑥ 日常生活の中で、我が国や地域社会における様々な文化や伝統に親しむ。

⑦ 身近な物を大切にする。

⑧ 身近な物や遊具に興味をもって関わり、自分なりに比べたり、関連付けたりしながら考えたり、試したりして工夫して遊ぶ。

⑨ 日常生活の中で数量や図形などに関心をもつ。

⑩ 日常生活の中で簡単な標識や文字などに関心をもつ。

⑪ 生活に関係の深い情報や施設などに興味や関心をもつ。

⑫ 保育所内外の行事において国旗に親しむ。

(ウ)　内容の取扱い

　上記の取扱いに当たっては、次の事項に留意する必要がある。

① 子どもが、遊びの中で周囲の環境と関わり、次第に周囲の世界に好奇心を抱き、その意味や操作の仕方に関心をもち、物事の法則性

に気付き、自分なりに考えることができるようになる過程を大切にすること。また、他の子どもの考えなどに触れて新しい考えを生み出す喜びや楽しさを味わい、自分の考えをよりよいものにしようとする気持ちが育つようにすること。
② 幼児期において自然のもつ意味は大きく、自然の大きさ、美しさ、不思議さなどに直接触れる体験を通して、子どもの心が安らぎ、豊かな感情、好奇心、思考力、表現力の基礎が培われることを踏まえ、子どもが自然との関わりを深めることができるよう工夫すること。
③ 身近な事象や動植物に対する感動を伝え合い、共感し合うことなどを通して自分から関わろうとする意欲を育てるとともに、様々な関わり方を通してそれらに対する親しみや畏敬の念、生命を大切にする気持ち、公共心、探究心などが養われるようにすること。
④ 文化や伝統に親しむ際には、正月や節句など我が国の伝統的な行事、国歌、唱歌、わらべうたや我が国の伝統的な遊びに親しんだり、異なる文化に触れる活動に親しんだりすることを通じて、社会とのつながりの意識や国際理解の意識の芽生えなどが養われるようにすること。
⑤ 数量や文字などに関しては、日常生活の中で子ども自身の必要感に基づく体験を大切にし、数量や文字などに関する興味や関心、感覚が養われるようにすること。

• 解 説 •

　「環境」領域では、「ねらい」に示されている子どもの環境へのかかわり方などの方向性については変わりありません。しかし、「内容」には追加されている項目もあり、「内容」や「内容の取扱い」を読み進めていくと、環境を通して学んでいく保育の基本的な考えが大きく示されていることからも、「環境」領域の重要性をうかがい知ることができます。

　「自然」や保育所での「生活」など、身近な事象がきっかけとなって、子どもの関心や好奇心を高め、そこから自然や身の回りの出来事における主体的な気づきや発見など、心に感じたこと、自分なりの考えをもつことの大切さや、生命の尊さや物を大事にする心などについても、子どもの関心の高まりのなかでしっかりと理解していくことが求められています。そこでは、「内容の取扱い③」にも

あるように、環境とのかかわり方を通して自然などへの「親しみや畏敬の念」、社会のなかの一員としての「公共心」、さらなる関心の向こうにある「探究心」も養っていくことについて記されています。

　新しい項目として取り上げておきたいのは、「内容⑥日常生活の中で、我が国や地域社会における様々な文化や伝統に親しむ」ことです。保育所生活のなかで、正月や節句などの季節にちなんだ行事を行うことはもちろんのこと、わらべうたやコマ回し、凧揚げなどの世代を超えて受け継がれている遊びを行ったり、地域固有の伝統的な行事に参加するなどの遊びや活動を通してわが国の文化に親しみ、同時にほかの文化にもふれる活動をすることで、将来の「社会とのつながりの意識や国際理解の意識の芽生え」が養われるように示されています。

　また、「環境」領域で特に注目しておきたい点が2つあります。

　1つは、「内容⑧」として、旧保育指針の「内容⑨」の「身近な物や遊具に興味を持って関わり、考えたり、試したりして工夫して遊ぶ」という表現に、新たに「自分なりに比べたり、関連付けたりしながら」といった一節が追加されていることです。この「内容⑧」では、子どもは「環境を通して学ぶ」という要素と、子どもは「遊びのなかで自ら学ぶ」という要素が集約されており、子どもの遊びとはどんなものなのか、遊び理解や子ども理解に必要な視点が記されています。そして、興味・関心から試行錯誤、工夫といった遊びの広がりに加え、比較や対比、関連づけなどの要素を含めながら、保育士等が子どもの育ちをうながしていくことが必要になります。

　もう1つは、「内容の取扱い①」にある「他の子どもの考えなどに触れて新しい考えを生み出す喜びや楽しさを味わい、自分の考えをよりよいものにしようとする気持ちが育つようにする」という視点が記されていることです。これは、子ども自身が環境から影響を受けて「気づく」「考える」といった一面だけではなく、ほかの子

どもがしていることを見たり、考えを聞いたりして刺激を受けることで、さらに新しい考えが浮かび、それがよりよいものになっていくという人的環境ならではの学びの重要性に注目して保育する必要があることを意味します。

実践の工夫

　子どもたちの遊びのきっかけは、さまざまな場所にあるものです。保育室の遊びのコーナーや園庭の砂場、リラックスした空間でも遊びの芽吹きはみられるでしょうが、時には園外の環境に刺激を受けて遊びが盛り上がることもあります。

　例えば、お花見をしに出かけた近所のお城を散策すれば、お城をつくってみたいと思うこともあるでしょうし、コンサートを聴きに行けば、自分たちもコンサートをしてみたいと思い、畑でお芋を掘っている人に出会えば、お芋を食べてみたいと思うものです。

　このように子どもたちの周りには、保育士等が思いをめぐらすことができないような遊びのヒントが隠れています。

　保育士等は、子どもの関心の高い事柄にもっと注意深くアンテナを張り、一人ひとりのつぶやきを拾い、そこにある気持ちをくみ取っていくことで、子どもとともに遊びを組み立てていくことがはじめて可能になるのです。

　これらのことから、普段の保育で優位になりがちな「保育士等主体の遊び・活動」よりも、あえて「子ども主体から始まった遊び・活動」に広げていく姿勢がこれからの保育には必要とされていること

とがわかります。

第2章 保育の内容

3 3歳以上児の保育に関するねらい及び内容

(2) ねらい及び内容

エ　言葉

経験したことや考えたことなどを自分なりの言葉で表現し、相手の話す言葉を聞こうとする意欲や態度を育て、言葉に対する感覚や言葉で表現する力を養う。

(ア) ねらい
① 自分の気持ちを言葉で表現する楽しさを味わう。
② 人の言葉や話などをよく聞き、自分の経験したことや考えたことを話し、伝え合う喜びを味わう。
③ 日常生活に必要な言葉が分かるようになるとともに、絵本や物語などに親しみ、言葉に対する感覚を豊かにし、保育士等や友達と心を通わせる。

(イ) 内容
① 保育士等や友達の言葉や話に興味や関心をもち、親しみをもって聞いたり、話したりする。
② したり、見たり、聞いたり、感じたり、考えたりなどしたことを自分なりに言葉で表現する。
③ したいこと、してほしいことを言葉で表現したり、分からないことを尋ねたりする。
④ 人の話を注意して聞き、相手に分かるように話す。
⑤ 生活の中で必要な言葉が分かり、使う。
⑥ 親しみをもって日常の挨拶をする。
⑦ 生活の中で言葉の楽しさや美しさに気付く。
⑧ いろいろな体験を通じてイメージや言葉を豊かにする。
⑨ 絵本や物語などに親しみ、興味をもって聞き、想像をする楽しさを味わう。
⑩ 日常生活の中で、文字などで伝える楽しさを味わう。

(ウ) 内容の取扱い

上記の取扱いに当たっては、次の事項に留意する必要がある。

① 言葉は、身近な人に親しみをもって接し、自分の感情や意志などを伝え、それに相手が応答し、その言葉を聞くことを通して次第に獲得されていくものであることを考慮して、子どもが保育士等や他

の子どもと関わることにより心を動かされるような体験をし、言葉を交わす喜びを味わえるようにすること。
② 子どもが自分の思いを言葉で伝えるとともに、保育士等や他の子どもなどの話を興味をもって注意して聞くことを通して次第に話を理解するようになっていき、言葉による伝え合いができるようにすること。
③ 絵本や物語などで、その内容と自分の経験とを結び付けたり、想像を巡らせたりするなど、楽しみを十分に味わうことによって、次第に豊かなイメージをもち、言葉に対する感覚が養われるようにすること。
④ 子どもが生活の中で、言葉の響きやリズム、新しい言葉や表現などに触れ、これらを使う楽しさを味わえるようにすること。その際、絵本や物語に親しんだり、言葉遊びなどをしたりすることを通して、言葉が豊かになるようにすること。
⑤ 子どもが日常生活の中で、文字などを使いながら思ったことや考えたことを伝える喜びや楽しさを味わい、文字に対する興味や関心をもつようにすること。

3 3歳以上児の保育に関するねらい及び内容

・解説・

　「言葉」領域は、「話す・伝える・言葉で表す」「聞く・わかる・理解する」「伝え合う・言葉のやり取り」といった、言葉を介して行われるコミュニケーションの育ちに大きくかかわる大切な領域です。「言葉」領域そのものの内容やねらいに変更があるわけではありませんが、その役割のなかに、「言葉に対する感覚を豊かにし」という一節が加えられました（ねらい③）。「感覚」という新たな要素が盛り込まれ、その説明として「内容の取扱い④」において「言葉の響きやリズム、新しい言葉や表現などに触れ、これらを使う楽しさを味わう」こととしています。
　その際、子どもの身辺にある「絵本や物語」「言葉遊び」などを通して言葉への興味・関心を高め、言葉そのもののおもしろさやニュアンスの違い、語彙を増やしていきながら「感覚」を豊かにし

ていくということが大切です。それは、言葉のやり取りの広がり、コミュニケーションの深まりが進んでいくなかで、「幼児期の終わりまでに育ってほしい姿」の「ケ　言葉による伝え合い」の育ちにつながっていくことを示しているのです。

　保育のなかで大切にしたい点は、「内容の取扱い②」にある「言葉による伝え合いができる」ことです。「伝え合い」には、自分の思いを言葉で伝えるという一面と、興味をもって相手の話を注意深く聞き、しだいに理解するようになっていく一面を併せもっています。これによって、自らの考えや気持ちを伝えられるという主体性と、伝え合いによる相互理解という社会性の育ち、さらには対話による学びが期待できます。これは、主体的で自信をもって活動できることに根ざす「情緒の安定」の「ねらい③」にある「主体として受け止められ、主体として育ち、自分を肯定する気持ちが育まれていく」ことを支えるうえで必要なものになっていると考えることができます。

3 3歳以上児の保育に関するねらい及び内容

・実践の工夫・

　子どもは、日々の遊びのなかで、自分の想いを形にしようとしています。

　多くのことを感じていても、それを言葉で表したり、伝えたりすることはなかなか容易ではありません。しかし、友だちといろいろな気持ちを共有し感じ合うことが大切であり、そのためには言葉にして伝え合うことが求められます。

　ですから、日頃から気持ちを伝える経験ができるように、その日の出来事を振り返り、「いいとこ探し」をする活動を取り入れるなどして、人のよい面を見つけるだけでなく、人の想いに敏感に寄り添える人になるよう育んでいく必要があります。

　普段からうれしいことやありがたいことを共有して、物事を前向きにとらえたり、ポジティブな行動につなげていくことが言葉のもつ力にほかなりません。これこそが、子どもたちの将来の生活を彩り豊かなものにすることにつながっていくのです。

(2) ねらい及び内容

オ　表現

感じたことや考えたことを自分なりに表現することを通して、豊かな感性や表現する力を養い、創造性を豊かにする。

(ア) ねらい
① いろいろなものの美しさなどに対する豊かな感性をもつ。
② 感じたことや考えたことを自分なりに表現して楽しむ。
③ 生活の中でイメージを豊かにし、様々な表現を楽しむ。

(イ) 内容
① 生活の中で様々な音、形、色、手触り、動きなどに気付いたり、感じたりするなどして楽しむ。
② 生活の中で美しいものや心を動かす出来事に触れ、イメージを豊かにする。
③ 様々な出来事の中で、感動したことを伝え合う楽しさを味わう。
④ 感じたこと、考えたことなどを音や動きなどで表現したり、自由にかいたり、つくったりなどする。
⑤ いろいろな素材に親しみ、工夫して遊ぶ。
⑥ 音楽に親しみ、歌を歌ったり、簡単なリズム楽器を使ったりなどする楽しさを味わう。
⑦ かいたり、つくったりすることを楽しみ、遊びに使ったり、飾ったりなどする。
⑧ 自分のイメージを動きや言葉などで表現したり、演じて遊んだりするなどの楽しさを味わう。

(ウ) 内容の取扱い

上記の取扱いに当たっては、次の事項に留意する必要がある。

① 豊かな感性は、身近な環境と十分に関わる中で美しいもの、優れたもの、心を動かす出来事などに出会い、そこから得た感動を他の子どもや保育士等と共有し、様々に表現することなどを通して養われるようにすること。その際、風の音や雨の音、身近にある草や花の形や色など自然の中にある音、形、色などに気付くようにすること。
② 子どもの自己表現は素朴な形で行われることが多いので、保育士

等はそのような表現を受容し、子ども自身の表現しようとする意欲を受け止めて、子どもが生活の中で子どもらしい様々な表現を楽しむことができるようにすること。
③ 生活経験や発達に応じ、自ら様々な表現を楽しみ、表現する意欲を十分に発揮させることができるように、遊具や用具などを整えたり、様々な素材や表現の仕方に親しんだり、他の子どもの表現に触れられるよう配慮したりし、表現する過程を大切にして自己表現を楽しめるように工夫すること。

• 解 説 •

　「表現」領域では、生活のなかにあふれている、子どもの心を動かす音・形・色・感触などに気づき、感じるという、これまで大切にしてきた、豊かな感性につながる「ねらい」や「内容」は、これからもその重要性は変わりません。
　しかし、「内容の取扱い」を読み解くと、身近な環境にある美しいもの、優れたもの、心を動かす出来事などから得た「感動を他の子どもや保育士等と共有」することに留意するよう示されていて、そのなかで「風の音や雨の音」「身近にある草や花の形や色」など自然のなかの音・形・色に意識が向かうように記されています。
　現状、子どもたちを取り巻く環境は、テレビやゲーム、携帯電話、インターネットなどの情報機器の発達により、五感を刺激する音・形・色などが氾濫している状況にあるので、子どもとともにいる保

育士等は、身近な自然物が出す本物の音・形・色などに注意を払い、子どもに伝えていくべきであるともいえます。そのことによって、周りの環境に高い関心をもって成長していくことが期待できるのです。

　特に留意しておきたい点は、「内容の取扱い③」にあるように「表現を楽しみ、表現する意欲を十分に発揮させることができるように」遊具や用具を整えること、さまざまな素材を使って表現できること、ほかの子どもの表現にもふれられるよう配慮することなどの「工夫」が求められていることです。そこには、ほかの子どもの表現にふれることは、何より一緒に表現することの楽しさ、さらにはほかの子どもの表現を見たり聞いたりして、刺激を受けてよりよい表現になっていくといった表現の広がりが予想できます。「これはよい」という心情が、よりよくしたい意欲につながり、さらには、よりよい表現ができたという達成感・満足感・自信といった態度につながっていくことが大いに期待できるということです。

　「表現」領域に関する各内容はすべて、一人の人間が大人に成長していく過程で出会うさまざまな体験や経験と結びつき、イメージといった形で一生の財産となっていきます。例えば、「赤」という色のイメージといっても、リンゴやポストのような物もあれば、大好きなお母さんのエプロンを思い浮かべる人がいたりするなど、その人その人、一人ひとりがもつイメージとして記憶されていくものです。保育士等は、すべての事象、事柄、環境が感性の育ちにつながっていく大切な時期に、子どもたちと多くの時間をともにしているということを忘れてはなりません。

• 実践の工夫 •

　子どもは生まれながらにして、「〜したい」「〜やってみたい」という意欲をもっているものですが、その想いを保証することではじめて、豊かな表現が可能となります。

　自分の想いを自由に表現できるようにするために、製作に使える素材を幅広くそろえておくのもよい方法です。例えば、紙ひとつとっても、さまざまな色の画用紙、折り紙のほか、厚紙や段ボール、クレープ紙、お花紙、ラッピング紙、包装紙など、その子のイメージにより近い形にできるように、多くの種類のなかから選択できるようにしておくとよいでしょう。

　さらに、一人ひとりの想いが詰まった製作物を、みんなが見ることができるようにすると、子どもたちの意欲はより高まっていきます。つくった物を飾ったり、発表したりすることは、次の製作意欲へとつながっていきます。製作物が増えていくなかで、まねしたい、もっとよくしたいなどといった気持ちがどんどん膨らみ、やがて表現の豊かさ、創造する楽しさに気づくことになるでしょう。

　この小さな充実感こそが、やがて未来の社会を築き上げていく力となっていくのです。

3 3歳以上児の保育に関するねらい及び内容

(3) 保育の実施に関わる配慮事項

ア　第1章の4の(2)に示す「幼児期の終わりまでに育ってほしい姿」が、ねらい及び内容に基づく活動全体を通して資質・能力が育まれている子どもの小学校就学時の具体的な姿であることを踏まえ、指導を行う際には適宜考慮すること。

イ　子どもの発達や成長の援助をねらいとした活動の時間については、意識的に保育の計画等において位置付けて、実施することが重要であること。なお、そのような活動の時間については、保護者の就労状況等に応じて子どもが保育所で過ごす時間がそれぞれ異なることに留意して設定すること。

ウ　特に必要な場合には、各領域に示すねらいの趣旨に基づいて、具体的な内容を工夫し、それを加えても差し支えないが、その場合には、それが第1章の1に示す保育所保育に関する基本原則を逸脱しないよう慎重に配慮する必要があること。

・解　説・

「保育の実施に関わる配慮事項」では、3つの点について、保育士等が意識する必要がある配慮事項が特記されています。

「ア」については、保育指針では唯一、配慮事項とはいえ「指導」するという保育方法が記されていることから、とても重要であるといえるでしょう。そこでは、「幼児期の終わりまでに育ってほしい姿」が、就学時までに育ってほしい子どもの「具体的な姿である」としており、意識的にこの育ちの方向性をもって進めていくように指示しています。この方向性をもととした保育のあり方や「指導」の考え方については、就学前に小学校に送付される「保育所児童保育要録」（以下、保育要録）のひな形が示されると、もう少し明解になると思われます。

次に「イ」ですが、「子どもの発達や成長の援助をねらいとした

活動の時間」にふれられています。保育所保育の中心にある「生活と遊び」を一体的に保育するとらえ方から、「遊びを中心とした学びの時間」ともいえる「活動」を実施するように書かれています。「活動」の時間への留意にもふれており、「活動」を実施するにあたり、多くの子どもが「活動」に参加できる時間帯、例えば午前中を中心に考えて保育を構成することが求められています。

最後に「ウ」についてですが、各領域の「ねらいの趣旨に基づいて、具体的な内容を工夫」して行うことは差し支えないとしていますが、同時に、保育所保育の「基本原則を逸脱しないよう」にすることも記されています。これは、現状として各施設によって行われているリトミックや英語、運動などの専門的な遊びおよび活動を取り入れてもよいことを指していると思われます。しかしその一方で、これらの早期教育と呼ばれるような、過度に子どもの育ちをうながす活動に対する警告も行っていると考えられます。

以上のことから、保育所保育は、「養護と教育を一体的に保育する」という基本的なスタンスは変わらないにしても、保育の実施にあたり、資質・能力の「3つの柱」を基礎として、子どもが主体的・対話的で深い学びにつなげられるようにバランスよく保育を展開することが求められています。

• 実践の工夫 •

　皆さんは日頃から、保育を楽しんでいますか。子どもの願いや想いをしっかりと受け止めて保育を展開することができているでしょうか。

　日々の保育において、とかく子どもの成長を願うあまり、保育士等の意図を優先した保育が推し進められてしまうこともありがちです。しかし、子ども一人ひとりの願いや想いに寄り添いながら、子どもの主体性を大切にした保育を楽しんで行いたいものです。

　ですから、保育士等は子どもにとってよき理解者であると同時に、遊びのパートナーである必要があります。そして、子どもの魅力や可能性を引き出すこと、「この先生みたいになりたい」という子どもたちの憧れの存在として、生きるロールモデルであることが求められているのです。

　子どもたちは、ハサミで上手に七夕飾りを切ることができれば、「見て！　見て！」と先生のようにできたよとの意味も含めてすぐ声をかけてくるでしょうし、時には「今日のおやつ、おいしいね」とこっそり伝えてくることもあるでしょう。子どもたちは自分でできた楽しいことを共感してほしい、一緒に分かち合いたいと思って

いるのです。

　この楽しみを、保育士等が一緒に分かち合い、ともに楽しむことこそが、保育の充実に向かう第一歩です。さらに、それが深い学びにつながっていくことからも、日々の保育を子どもの姿とともに、こまめに振り返りながら、「指導」のあり方やとらえ方を保育士等自身がしっかりと理解して、保育のバランスをとっていく必要があります。

　そして、子どもとともに学び、ともに成長していくことができるこの仕事に誇りをもてるようになりたいものです。

4 保育の実施に関して留意すべき事項

(1) 保育全般に関わる配慮事項

ア　子どもの心身の発達及び活動の実態などの個人差を踏まえるとともに、一人一人の子どもの気持ちを受け止め、援助すること。

イ　子どもの健康は、生理的・身体的な育ちとともに、自主性や社会性、豊かな感性の育ちとがあいまってもたらされることに留意すること。

ウ　子どもが自ら周囲に働きかけ、試行錯誤しつつ自分の力で行う活動を見守りながら、適切に援助すること。

エ　子どもの入所時の保育に当たっては、できるだけ個別的に対応し、子どもが安定感を得て、次第に保育所の生活になじんでいくようにするとともに、既に入所している子どもに不安や動揺を与えないようにすること。

オ　子どもの国籍や文化の違いを認め、互いに尊重する心を育てるようにすること。

カ　子どもの性差や個人差にも留意しつつ、性別などによる固定的な意識を植え付けることがないようにすること。

(2) 小学校との連携

ア　保育所においては、保育所保育が、小学校以降の生活や学習の基盤の育成につながることに配慮し、幼児期にふさわしい生活を通じて、創造的な思考や主体的な生活態度などの基礎を培うようにすること。

イ　保育所保育において育まれた資質・能力を踏まえ、小学校教育が円滑に行われるよう、小学校教師との意見交換や合同の研究の機会などを設け、第1章の4の(2)に示す「幼児期の終わりまでに育って欲しい姿」を共有するなど連携を図り、保育所保育と小学校教育との円滑な接続を図るよう努めること。

ウ　子どもに関する情報共有に関して、保育所に入所している子どもの就学に際し、市町村の支援の下に、子どもの育ちを支えるための資料が保育所から小学校へ送付されるようにすること。

4 保育の実施に関して留意すべき事項

(3) 家庭及び地域社会との連携

　子どもの生活の連続性を踏まえ、家庭及び地域社会と連携して保育が展開されるよう配慮すること。その際、家庭や地域の機関及び団体の協力を得て、地域の自然、高齢者や異年齢の子ども等を含む人材、行事、施設等の地域の資源を積極的に活用し、豊かな生活体験をはじめ保育内容の充実が図られるよう配慮すること。

• 解 説 •

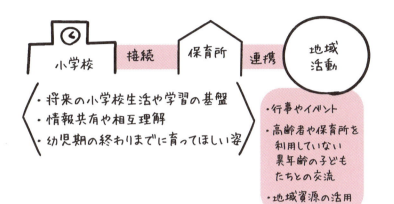

　「保育の実施に関して留意すべき事項」として、保育全般、小学校との接続、家庭・地域との連携の3つの事柄があげられていますが、なかでも特に留意すべきは小学校との接続です。
　この保育実施の留意事項の背景には、保育所の役割は、従来の福祉施設の要素だけでなく、教育機関に準ずるという教育施設への転換の方向性が示されています。また、「(2) 小学校との連携」では、保育所保育が将来の小学校生活や学習の基盤になるよう心がけることはもちろん、新たに小学校教育が円滑に行われるように「小学校教師との意見交換や合同の研究の機会などを設け」て、連携を図るように求めています。そこでは、子どもの様子、指導内容や方法など、保育所保育と小学校教育の情報共有や相互理解を深めていくことが必要で、「保育要録」の送付はもちろん、「幼児期の終わりまで

に育ってほしい姿」などをもとに保育現場と小学校をつないでいくことが大切です。

　また、「家庭及び地域社会との連携」では、大きな変更は示されていませんが、これまでに保育所と家庭との協力、保育所と地域活動との連携・協力など、行事やイベントとして連携を深めてきた保育所も多いことと思います。もちろんこれらも連携事業ではありますが、地域の高齢者や、保育所を利用していない異年齢の子どもたちとの交流のほか、子どもたちの遊びを豊かにするために、より身近な地域資源、例えば地域の商店街、近隣の田畑・果樹園の活用を日々の保育に取り入れていくことも視野に入れてよいでしょう。

・ 実践の工夫 ・

小学校への就学を見通して
自立をうながす

　小学校との接続については、単なるプレスクール的な役割ではなく、毎日一人でも安全に学校に通えるか、忘れ物がなく、身辺の自立ができていて、不安なく小学校生活が送れるか、授業に集中して参加できるかなどといった視点から、小学校への就学を見通して自立をうながしてきました。

　今回の改正では、3つの柱・10の姿を軸に、保小を連続してとらえる2つの新たな視点が生まれました。

　第1に、幼児教育のなかから学びの芽生えや学びの基礎が培われ、その後の小学校での教科につながっていくという、学びの連続性を整理するために、カリキュラムを土台とした計画を検討・作成していく点です。

　第2に、保小連携に向けた職員間の検討会議や研修会などを行う点です。特に、教科的な学習面の連続を検討するのみでなく、例えば、あいさつ、返事、靴そろえなどといった、社会性につながる事項について意見を交換して、地域の子どもの育ちの方向性として整理しながら、保小で統一した教育方針をもって育んでいくことも有効でしょう。

4 保育の実施に関して留意すべき事項

　保小連携が、これまでの保育要録の共有や情報提供など単なる情報交流・意見交換を越えて、子どもの育ちのビジョンの共有が対等に進められるようになると、地域が一体となって育てていくという意味がもっと深まってくるでしょう。

第3章

健康及び安全

　保育所保育において、子どもの健康及び安全の確保は、子どもの生命の保持と健やかな生活の基本であり、一人一人の子どもの健康の保持及び増進並びに安全の確保とともに、保育所全体における健康及び安全の確保に努めることが重要となる。
　また、子どもが、自らの体や健康に関心をもち、心身の機能を高めていくことが大切である。
　このため、第1章及び第2章等の関連する事項に留意し、次に示す事項を踏まえ、保育を行うこととする。

1 子どもの健康支援

(1) 子どもの健康状態並びに発育及び発達状態の把握

ア 子どもの心身の状態に応じて保育するために、子どもの健康状態並びに発育及び発達状態について、定期的・継続的に、また、必要に応じて随時、把握すること。

イ 保護者からの情報とともに、登所時及び保育中を通じて子どもの状態を観察し、何らかの疾病が疑われる状態や傷害が認められた場合には、保護者に連絡するとともに、嘱託医と相談するなど適切な対応を図ること。看護師等が配置されている場合には、その専門性を生かした対応を図ること。

ウ 子どもの心身の状態等を観察し、不適切な養育の兆候が見られる場合には、市町村や関係機関と連携し、児童福祉法第25条に基づき、適切な対応を図ること。また、虐待が疑われる場合には、速やかに市町村又は児童相談所に通告し、適切な対応を図ること。

(2) 健康増進

ア 子どもの健康に関する保健計画を全体的な計画に基づいて作成し、全職員がそのねらいや内容を踏まえ、一人一人の子どもの健康の保持及び増進に努めていくこと。

イ 子どもの心身の健康状態や疾病等の把握のために、嘱託医等により定期的に健康診断を行い、その結果を記録し、保育に活用するとともに、保護者が子どもの状態を理解し、日常生活に活用できるようにすること。

(3) 疾病等への対応

ア 保育中に体調不良や傷害が発生した場合には、その子どもの状態等に応じて、保護者に連絡するとともに、適宜、嘱託医や子どものかかりつけ医等と相談し、適切な処置を行うこと。看護師等が配置されている場合には、その専門性を生かした対応を図ること。

イ 感染症やその他の疾病の発生予防に努め、その発生や疑いがある場合には、必要に応じて嘱託医、市町村、保健所等に連絡し、その指示に従

うとともに、保護者や全職員に連絡し、予防等について協力を求めること。また、感染症に関する保育所の対応方法等について、あらかじめ関係機関の協力を得ておくこと。看護師等が配置されている場合には、その専門性を生かした対応を図ること。
ウ　アレルギー疾患を有する子どもの保育については、保護者と連携し、医師の診断及び指示に基づき、適切な対応を行うこと。また、食物アレルギーに関して、関係機関と連携して、当該保育所の体制構築など、安全な環境の整備を行うこと。看護師や栄養士等が配置されている場合には、その専門性を生かした対応を図ること。
エ　子どもの疾病等の事態に備え、医務室等の環境を整え、救急用の薬品、材料等を適切な管理の下に常備し、全職員が対応できるようにしておくこと。

1 子どもの健康支援

解 説

　保育所において、子どもの健康増進と疾病等への対応とその予防は、保育所保育指針（以下、保育指針）に基づいて行われています。乳幼児が長時間にわたり集団で生活する保育所では、一人ひとりの子どもの健康と安全の確保はもとより、集団の健康と安全を保障しなければなりません。

　今回の改正では、アレルギー疾患をもつ子どもの保育について、新たに付記されています。アレルギー疾患を有する子どもの保育については、保護者と連携し、医師の診断および指示に基づき、適切な対応を行うことが必要です。誤食にともなう急性のアレルギー症状を疑わせる発疹が出現した場合には、必要に応じて救急車の出動を要請するなど、ただちに専門医に救急受診することが大切です。

　さらに、食物アレルギーによるアナフィラキシーなど重篤な症

状を起こす園児もいますので、保育士等をはじめ全職員が講習会に参加し、緊急時のエピペンの使用法について熟知しておく必要があります。

　感染症対策については、抵抗力が弱く、身体の機能が未熟である乳幼児の特性等をふまえ、感染症に対する正しい知識や情報に基づく感染予防のための適切な対応が求められます。

　保育所での集団生活は、感染症にかかりやすい環境といえます。代表的な疾患として、水痘（水ぼうそう）、流行性耳下腺炎（ムンプス、おたふくかぜ）、溶連菌、インフルエンザ、RSウイルスや感染性胃腸炎（ロタウイルス、ノロウイルスなど）などです。また頻度は多くはありませんが、肺炎球菌やインフルエンザ菌b型（ヒブ）は、多くの子どもの鼻やのどの奥にすみついて（保菌）、子どもの体力や抵抗力が低下すると、細菌性髄膜炎などの重大な感染症を引き起こします。

　感染症対策は、予防が最も大事です。うがい、手洗いの励行や、身の回りを清潔に保つなど、日々の生活における感染症予防はもちろんのこと、ワクチンで予防可能な疾患は、ワクチンでできる限り予防します。

　また、事故予防・安全対策のためには、看護師等の果たす役割は大きく、加配としての看護師配置が不可欠です。看護師の導入によって、必然的に保育士等の保育・保健に対する専門性が向上していきます。保育士等と看護師等がともに協力して、「保育看護」という専門性の向上を図っていくことは、子どもの健康・安全についての配慮においてきわめて重要です。

1 子どもの健康支援

・実践の工夫・

　ここでは特に、感染症への現場の対策について考えます。感染症の対策は、予防が最も大事です。うがいと手洗いの励行や、身の回りを清潔に保つなど、日々の生活における感染症予防はもちろんのこと、ワクチンで予防可能な疾患は、ワクチンでできる限り予防します。

　ワクチンの接種率を向上させることと予防接種歴の把握は、保育所にとって大切です。健康診断の機会等を活用して、保護者に、①必要とされるワクチン接種の確認を行う、②予防接種の必要性を理解してもらい未接種者には接種を勧める、などの対応が必要です。その際、予防接種調査表などの活用で接種し忘れをなくすことを勧めるのも１つの方法です。

　また、職員の予防接種歴の確認も重要です。入職時には、健康状態の確認に加えて各予防接種歴、感染症の罹患歴も確認します。麻疹（はしか）・風疹・水痘・流行性耳下腺炎等にかかったことがない職員には予防接種をうながし、毎年のインフルエンザの予防接種も積極的に接種するように指導します。短期間の実習生にも、同様に確認します。

- ✔ ワクチン未接種・未罹患の場合は、必要回数を接種
- ✔ 自分自身を感染から守り、子どもたちへの感染伝播を予防
- ✔ 血液に曝露される機会が多いため、B型肝炎ワクチンも重要
- ✔ 1968年以前に生まれた職員は破傷風トキソイド接種を確認
- ✔ 呼吸器症状を認める職員はマスクを装着
- ✔ 乳児保育を担当する職員の症状を認める期間の勤務体制見直しを検討
- ✔ 接種歴・罹患歴の把握と記録の保管

感染症予防のための確認事項

2 食育の推進

(1) 保育所の特性を生かした食育

　ア　保育所における食育は、健康な生活の基本としての「食を営む力」の育成に向け、その基礎を培うことを目標とすること。

　イ　子どもが生活と遊びの中で、意欲をもって食に関わる体験を積み重ね、食べることを楽しみ、食事を楽しみ合う子どもに成長していくことを期待するものであること。

　ウ　乳幼児期にふさわしい食生活が展開され、適切な援助が行われるよう、食事の提供を含む食育計画を全体的な計画に基づいて作成し、その評価及び改善に努めること。栄養士が配置されている場合は、専門性を生かした対応を図ること。

(2) 食育の環境の整備等

　ア　子どもが自らの感覚や体験を通して、自然の恵みとしての食材や食の循環・環境への意識、調理する人への感謝の気持ちが育つように、子どもと調理員等との関わりや、調理室など食に関わる保育環境に配慮すること。

　イ　保護者や地域の多様な関係者との連携及び協働の下で、食に関する取組が進められること。また、市町村の支援の下に、地域の関係機関等との日常的な連携を図り、必要な協力が得られるよう努めること。

　ウ　体調不良、食物アレルギー、障害のある子どもなど、一人一人の子どもの心身の状態等に応じ、嘱託医、かかりつけ医等の指示や協力の下に適切に対応すること。栄養士が配置されている場合は、専門性を生かした対応を図ること。

• 解 説 •

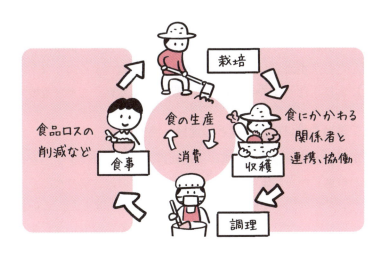

　今回の保育指針改正の特徴として、「食事が保育所保育の重要な要素である」という考えが明確に示され、「（1）保育所の特性を生かした食育」と「（2）食育の環境の整備等」とを分けた記載になり、食育等の記載が充実したことがあげられます。
　これまで、食育の位置づけについては、食育計画と保育の計画の関連が弱い場合もみられたために、保育指針では「食育計画を全体的な計画に基づいて作成し」と、"保育の一環としての食育実践"が強調されています。栄養士による専門性を活かした対応をとることも追加されました。

● **食の循環・環境への意識**

　第3次食育推進基本計画[*1]の重点課題に「食の循環や環境を意

識した食育の推進」があります。これを受けて、保育指針には「食の循環・環境への意識」が加わりました。

保育所でも、栽培・調理活動や生産者との交流等により、食の生産から消費までの食の循環の理解や、日常の食事提供時に「自分で選んだおかずは、もったいないから残さず食べようね」などの声かけにより、食品ロスの削減等の推進に努めていくことが重要です。

● 保護者や地域の関係者との連携・協働

第3次食育推進基本計画の重点課題に「若い世代を中心とした食育の推進」があります。若い世代では朝食の欠食割合が高く、栄養バランスへの配慮が少ないなどの課題がみられました。この世代は今後親になったり、現在子育て中のことが多いので、食育がきわめて重要です。

また、地域の農林漁業者、食品関連事業者、教育関係者、地方公共団体、ボランティア等、食育にかかわるさまざまな関係者と連携・協働することも、豊かな食育の展開には必要です。

そこで今回の改正では、保護者や地域の多様な関係者との連携・協働に関する文章が新たに加わりました。

これを受けて、これまで保護者や地域の関係者と連携・協働してきた食育活動をさらに推進することが望まれます。その際、保護者に地域の関係者を積極的に紹介するなど、関係者のメリットになったり、地域の活性化に寄与する視点での取り組みも、地域に受容される保育所になるためには重要です。

---

*1 内閣府「第3次食育推進基本計画」2016.

● **特別な配慮が必要な子どもへの対応**

　これまでの体調不良、食物アレルギー、障害のある子どもなどの記述に変更はありません。しかし、例えば食物アレルギーは、その対応方法も時代とともに変化しています。そこで職員研修などを充実させて、最新の知識と対応方法を職員全員が共通理解することが望まれます。

● **食育のさらなる推進に向けて**

　保育指針において、食育の基本的な考え方は大きく変わっていません。そこで、旧保育指針に基づき食育に取り組んできた保育所においては、本稿で述べた変更点に関する視点を加味しながら、従来の食育活動をさらに発展させていくことが望まれます。

実践の工夫

　調理に必要な基本動作には、振る、混ぜる、ちぎる、つまむ、かける、ねじる、丸める、巻くなどがあります。そこから、各年齢の遊びのなかの動作を思い浮かべてレシピを考えていきます。

　「マラカスが振れたらふりかけ作り」「新聞紙をビリビリとちぎれたら、レタスをちぎってサラダ作り」と、調理の一部だけでなく、なるべく全工程を園児が行える調理保育を０歳児から実践します。

　０歳児はすりごま、青のり、塩などを容器に入れて「振る」動作でふりかけ作りに、１歳児は牛乳とヨーグルトを「混ぜる」動作でラッシー作りに挑戦します。２歳児はレタスを「つまむ」「ちぎる」動作で皿に盛りつけ、ドレッシングの材料を「振る」「かける」動作でサラダが完成します。

　調理保育により、食に興味が湧き、食事をおいしく楽しい時間にすることが大切です。保育時間の遊びの動作を注意深く観察し、それを調理保育のなかに活かすことが、保育指針にある「保育の一環としての食育実践」の一例になります。

（事例提供／くらき永田保育園（神奈川県横浜市））

3 環境及び衛生管理並びに安全管理

(1) 環境及び衛生管理

　ア　施設の温度、湿度、換気、採光、音などの環境を常に適切な状態に保持するとともに、施設内外の設備及び用具等の衛生管理に努めること。
　イ　施設内外の適切な環境の維持に努めるとともに、子ども及び全職員が清潔を保つようにすること。また、職員は衛生知識の向上に努めること。

(2) 事故防止及び安全対策

　ア　保育中の事故防止のために、子どもの心身の状態等を踏まえつつ、施設内外の安全点検に努め、安全対策のために全職員の共通理解や体制づくりを図るとともに、家庭や地域の関係機関の協力の下に安全指導を行うこと。
　イ　<u>事故防止の取組を行う際には、特に、睡眠中、プール活動・水遊び中、食事中等の場面では重大事故が発生しやすいことを踏まえ、子どもの主体的な活動を大切にしつつ、施設内外の環境の配慮や指導の工夫を行うなど、必要な対策を講じること。</u>
　ウ　保育中の事故の発生に備え、施設内外の危険箇所の点検や訓練を実施するとともに、外部からの不審者等の侵入防止のための措置や訓練など不測の事態に備えて必要な対応を行うこと。また、子どもの精神保健面における対応に留意すること。

（下線は筆者）

3 環境及び衛生管理並びに安全管理

・解 説・

　今回の改正では、主に前記の下線部が加筆・修正されました。とりわけ「睡眠」「プール活動・水遊び」「食事」の3つの場面が取り出されています。これらは保育活動において、特に死亡や重篤な事故の起こりやすい場面です。

　子どもは、ちょっと危険な遊び（Risky Play）を好んで行うものです。そうした遊びにチャレンジしながら、成功と失敗を繰り返す過程を経て、身の安全を守る判断力や危険回避能力を身につけていきます。そのため、子どもの主体的な活動を大切にして保育を進めるなかで、子どものけが等が起こることはやむを得ない側面があります。むしろ欧米では、ちょっとしたけがをすることがあっても、大きな事故や新たな危険を避けるための学習機会であるという考え方が広がっています。

しかしながら、死亡や重篤な事故となると話は別です。特に子どもが幼いうちは、そうならないための予防と事故後の適切な対応を行うことが重要になります。今回の改正では、そういった主旨をふまえて、2016（平成28）年3月に策定された「教育・保育施設等における事故防止及び事故発生時の対応のためのガイドライン」（事故防止のための取組み）も参考に、先述した3つの場面で予防に留意した配慮や工夫を行います。

　睡眠中は、窒息（ちっそく）のリスクを除去するため、「医学的な理由で医師からうつぶせ寝をすすめられている場合以外は、乳児の顔が見える仰向（あおむ）けに寝かせること」「柔らかい布団やぬいぐるみ等を使用しないこと」「子どもの数、職員の数に合わせ、定期的に子どもの呼吸・体位、睡眠状態を点検すること」等を行います。

　プール活動・水遊び中は、監視体制の空白が生じないようにすることを念頭におきます。そのため、「監視者は監視に専念して全域をくまなく行うこと」「動かない子どもや不自然な動きをしている子どもを見つけること」等を行います。十分な監視体制の確保ができない場合は、プール活動の中止も考えて対応します。

　食事中は、誤嚥（ごえん）や窒息が起こらないように介助を行います。そのため、子どもの咀嚼（そしゃく）・嚥下（えんげ）機能（きのう）などの食事に関する情報を職員で共有したうえで、「子どもの意思に合ったタイミングで適切な量を与えること」「食べ物を飲み込んだことを確認すること」「汁物などの水分を適切に与えること」等に注意します。

3 環境及び衛生管理並びに安全管理

・実践の工夫・

　0、1歳児の睡眠時に行う実践を取り上げます。窒息リスクの確認については、睡眠前と睡眠時に分けて行います。睡眠前には、「柔らかい布団を使用していない」「ぬいぐるみ等の柔らかいものが近くにない」「ヒモ、またはヒモ状のもの等、口に含みそうなものが置かれていない」ことを確認します。そして睡眠中には、「仰向けになっているか」「息はしているか。胸の動きはあるか」「寝息に不自然なところはないか」「顔色や唇の色に不自然なところはないか」「ミルクや食べたもの等の嘔吐物はないか」「布団などが口にかかっていないか」といった確認項目について、0歳児は5分、1歳児は10分に1回の頻度で確認します。

　これらはチェックリストを作成し、担当職員が持ち回りで日々確認します。もし、睡眠時の状況が安定しない子どもがいれば、定期的に職員間でその情報を共有し、安全な睡眠環境の検討と整備に努めます。

4 災害への備え

（1）施設・設備等の安全確保

ア　防火設備、避難経路等の安全性が確保されるよう、定期的にこれらの安全点検を行うこと。
イ　備品、遊具等の配置、保管を適切に行い、日頃から、安全環境の整備に努めること。

（2）災害発生時の対応体制及び避難への備え

ア　火災や地震などの災害の発生に備え、緊急時の対応の具体的内容及び手順、職員の役割分担、避難訓練計画等に関するマニュアルを作成すること。
イ　定期的に避難訓練を実施するなど、必要な対応を図ること。
ウ　災害の発生時に、保護者等への連絡及び子どもの引渡しを円滑に行うため、日頃から保護者との密接な連携に努め、連絡体制や引渡し方法等について確認をしておくこと。

（3）地域の関係機関等との連携

ア　市町村の支援の下に、地域の関係機関との日常的な連携を図り、必要な協力が得られるよう努めること。
イ　避難訓練については、地域の関係機関や保護者との連携の下に行うなど工夫すること。

4 災害への備え

・解説・

　最近、地震や豪雨などの自然災害が多発しています。安全に対する社会的意識も高まってきています。このようなことから、今回の保育指針に、「災害への備え」として新たに明記されることになりました。

● **施設・設備等の安全確保**

　消防法や施設運営の基準において、消防計画、消防設備の設置、防火管理者、災害に備えるための設備などが決められています。その設備などが非常時に使える状態になっているか定期的に点検することは、安全性を確保するための基本といえます。災害の種類や規模によって異なりますが「避難するための廊下や階段が、動きやすい広い空間になっているか」「家具の転倒を防止するために確実に

固定されているか」「地震等の揺れによりものが落下する恐れがあるので、子どもが午睡（ごすい）する部屋の棚の上に、危険なものを置いていないか」などのように、具体的な危険性も想定したうえで「安全確認表」を作成して、日頃から施設、設備、遊具、玩具、用具などについて点検することが必要です。

●災害発生時の対応体制及び避難への備え

保育所で子どもの安全を守るためには、人的体制の整備が必要です。災害は予測することが難しく、いつどの時間帯に発生するかわかりません。施設長や主任が不在のとき、朝夕の職員が少ない時間帯に発生することもあります。施設長や一部の職員が安全管理の取り組みを行うのではなく、職員全体で安全対策に取り組むことが求められます。

「災害マニュアル」の作成に際しては、保育所の地理的特性や災害の種類に対応できるように作成します。マニュアルには、「災害発生前に日頃から準備しておく事項」と「災害発生時の対応」について明記しておきましょう。特に、避難訓練などのマニュアルには、避難すべき手順などだけでなく、避難後の安全確保の方法や二次災害を防ぐ手段、その後の保育をするための配慮事項などを明記しましょう。

また、保護者に対して、災害発生時に保育所がどのような対応をするのか、避難場所、保護者との連絡方法、子どもの引き渡し方法についてなど周知しておく必要があります。

●地域の関係機関等との連携

災害が発生した際には、子どもの安全確保のために職員が中心となりますが、その対応のすべてを担うことは困難です。日頃から消防、警察、病院、地域の自治体と連携しておくことが必要です。ま

た、保育所を管轄(かんかつ)する市町村の担当課との緊密な連絡体制を構築していることが求められます。

・実践の工夫・

　災害時は、咄嗟の判断が必要です。それぞれの職員がどのような役割をすべきか明確にしておく必要があります。そのため、マニュアルが大きな意味をもっています。職員一人ひとりが、災害が発生した瞬間にある程度同じ判断をし、決められた役割にそって行動することが、被害の拡大を防ぐことになります。

● 災害マニュアルに含めるべき内容

・災害に関する情報収集の手段（レーダー・ナウキャスト等）と正しい情報の理解（気象警報・ハザードマップ等）
・保護者との連携（伝達・連絡、避難場所、引き渡し等）
・マニュアルの作成・見直し（地震・豪雨・津波・暴風・豪雪・噴火、災害発生時間、職員の役割分担、子どもの保育、備蓄）
・職員研修等

第4章

子育て支援

　保育所における保護者に対する子育て支援は、全ての子どもの健やかな育ちを実現することができるよう、第1章及び第2章等の関連する事項を踏まえ、子どもの育ちを家庭と連携して支援していくとともに、保護者及び地域が有する子育てを自ら実践する力の向上に資するよう、次の事項に留意するものとする。

1 保育所における子育て支援に関する基本的事項

(1) 保育所の特性を生かした子育て支援

　ア　保護者に対する子育て支援を行う際には、各地域や家庭の実態等を踏まえるとともに、保護者の気持ちを受け止め、相互の信頼関係を基本に、保護者の自己決定を尊重すること。

　イ　保育及び子育てに関する知識や技術など、保育士等の専門性や、子どもが常に存在する環境など、保育所の特性を生かし、保護者が子どもの成長に気付き子育ての喜びを感じられるように努めること。

(2) 子育て支援に関して留意すべき事項

　ア　保護者に対する子育て支援における地域の関係機関等との連携及び協働を図り、保育所全体の体制構築に努めること。

　イ　子どもの利益に反しない限りにおいて、保護者や子どものプライバシーを保護し、知り得た事柄の秘密を保持すること。

・解　説・

・保育所の特性を生かす
・保育所全体で保護者の子育てを支援する体制づくり

　「第4章　子育て支援」の改正のポイントとしては、大きく、保育所における保護者支援の目的と対応範囲が明確にされたこと、支援の基本原則のなかでより重要な項目が「第1章　総則」に定められたことがあげられます。支援の目的とは、「全ての子どもの健やかな育ちを実現する」ことであり、保育所における保護者支援は「子育て」を対象として取り組むことが示されました。これは、子ども・子育て支援新制度の施行等を背景として、保育所の保育や子育てへの支援は個々の子どもの育ちや保護者の子育てを支えるとともに、その取り組みが「全ての子ども」の育ちを支えるしくみの一部として機能していくことを示しています。

　また、今回の改正では、保育所が保護者や地域が有する子育てを自ら実践する力の向上に資することや、保育所と家庭との連携が強

調されました。ここでは、保護者と保育士等の対等な関係性が示されています。保護者は、保育所や保育士等から一方的に支援される立場にあるのではなく、自らの力を発揮しうる子育ての主体者です。保育士等には、保護者の親としての立場を尊重しつつ、意識して保護者（家庭）と対等な関係を築き、協力しながら子どもの育ちを支えることが求められます。

　「1　保育所における子育て支援に関する基本的事項」は、「（1）保育所の特性を生かした子育て支援」と「（2）子育て支援に関して留意すべき事項」から構成されています。前者では、保護者に接する際の基本姿勢と、保育所における子育て支援は保育所の特性を活かして行うことが示されました。後者では、保育所が子育て支援における地域の関係機関等との連携や協働を図り、それらの連携や協働関係を含めて、保育所全体で保護者の子育てを支援する体制づくりを行うことが求められています。さらに、子育て支援における保護者や子どものプライバシーの保護、秘密保持も従来どおり定められています。

　なお、2008（平成20）年改正の保育所保育指針（以下、保育指針）「第6章　保護者に対する支援」で記載されていた「子どもの最善の利益を考慮」すること、「子どもと保護者の安定した関係に配慮」することの2点は、「第1章　総則」に定められました。このことからも、保育所における子育て支援は、「第1章　総則」に示される原則をふまえたうえで、「第4章　子育て支援」に示される事項を理解し取り組む必要があります。

・実践の工夫・

　保育所における保護者支援は、保護者の子育てを対象として行うことが示されました。ただし、その保護者から「子育てだけ」を取り出して支援することはできません。まずは、その保護者に向き合うことが必要であり、そこでは保育士等の側から保護者への信頼を示し、保護者を受容し、その自己決定を尊重することが求められます。そのプロセスを通して保護者と保育士等の間で信頼関係が築かれていくのです。

　また、保護者が必要とする支援が、保育所で対応可能な範囲であるかを見極めることも重要です。保護者が保育所の支援とは異なる支援を求めていると考えられる場合は、利用者支援事業、市区町村総合子ども家庭支援拠点、家庭児童相談室などコーディネート機能を有する事業等につなぎます。このような地域連携がよりよく機能するためには、それらの地域の関係機関等と日常的にあいさつを交わすなど、日頃の関係づくりが有効です。

2 保育所を利用している保護者に対する子育て支援

(1) 保護者との相互理解

ア　日常の保育に関連した様々な機会を活用し子どもの日々の様子の伝達や収集、保育所保育の意図の説明などを通じて、保護者との相互理解を図るよう努めること。

イ　保育の活動に対する保護者の積極的な参加は、保護者の子育てを自ら実践する力の向上に寄与することから、これを促すこと。

(2) 保護者の状況に配慮した個別の支援

ア　保護者の就労と子育ての両立等を支援するため、保護者の多様化した保育の需要に応じ、病児保育事業など多様な事業を実施する場合には、保護者の状況に配慮するとともに、子どもの福祉が尊重されるよう努め、子どもの生活の連続性を考慮すること。

イ　子どもに障害や発達上の課題が見られる場合には、市町村や関係機関と連携及び協力を図りつつ、保護者に対する個別の支援を行うよう努めること。

ウ　外国籍家庭など、特別な配慮を必要とする家庭の場合には、状況等に応じて個別の支援を行うよう努めること。

(3) 不適切な養育等が疑われる家庭への支援

ア　保護者に育児不安等が見られる場合には、保護者の希望に応じて個別の支援を行うよう努めること。

イ　保護者に不適切な養育等が疑われる場合には、市町村や関係機関と連携し、要保護児童対策地域協議会で検討するなど適切な対応を図ること。また、虐待が疑われる場合には、速やかに市町村又は児童相談所に通告し、適切な対応を図ること。

• 解 説 •

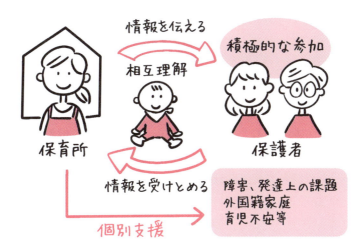

「2　保育所を利用している保護者に対する子育て支援」は、「（1）保護者との相互理解」「（2）保護者の状況に配慮した個別の支援」「（3）不適切な養育等が疑われる家庭への支援」の3つの項目から構成されています。

2017（平成29）年改正の保育指針においても、従来と同様に「（1）保護者との相互理解」が重要であることが示されました。加えて今回の改正では、保育所側からの情報伝達だけではなく、保護者から情報を受け取る（収集する）ことが明記されています。相互理解とは、互いに相手の状態、状況、そこにある思い、意見がどういうものであるかを知ることです。つまり相互理解は、保育所側から一方的に情報を伝達しても成り立ちません。保育所の日常の機会を活用して、保育所から保護者に子どもや保育にかかわる情報を伝えると

ともに、保護者から子どもの様子や意見を聞き、保護者の思いを受け止めることを通じて理解を共有していくのです。その理解の共有は、ともに子どもの育ちを支えていくという取り組みにおいて保護者と保育士等の共通の土台となります。

また、新たに挿入された項目としては、「保育の活動に対する保護者の積極的な参加」をうながすことがあります。これは、保育参加と呼ばれてすでに多くの保育所で実践されています。保育所に新たな役割が課せられたというよりも、保育所の取り組みの意義が認められ保育指針に位置づけられたといえるでしょう。

「(2) 保護者の状況に配慮した個別の支援」の項目では、2008 (平成 20) 年改正の保育指針に示されていた保護者の仕事と子育ての両立等の支援、子どもに障害や発達上の課題がみられる場合の支援に加えて、外国籍家庭など、特別な配慮を必要とする家庭への個別支援が新たに定められました。特別な配慮を必要とする家庭への個別支援とは、外国籍家庭に加えて、外国にルーツをもつ家庭、ひとり親家庭、貧困家庭、多胎児、慢性疾患がある子どもの家庭等が考えられます。

さらに、「(3) 不適切な養育等が疑われる家庭への支援」の項目では、従来と同様に保護者の育児不安等がみられる場合は、希望に応じて個別支援を行うこと、また虐待の通告義務について定められています。

• 実践の工夫 •

　保護者の育児不安等への個別支援は、「不適切な養育等が疑われる家庭への支援」の項目で示されていますが、子育ての負担や不安は、その保護者が子育てに向き合おうとしているからこそ生じる感情であると考えられます。保育士等は、その保護者が子育てに向き合おうとしている姿勢を認め、「その保護者なりの工夫やうまく取り組んでいるところ」（ストレングス）にも着目して保護者に伝えていくことができます。それは、日常のなかでその家庭や子どもに接しているからこそ担える役割です。

　日常のなかでふとした保護者の子どもへのかかわりに目をとめて、気づいた「ストレングス」を保護者に伝えていく行為は、保護者の子育てへの小さな自信を支えます。この小さな自信の積み重ねは、時に自身の課題に向き合う強さを育みます。保育士等は、保護者と協力して子どもの育ちを支えるために、その葛藤に気づき、ともに考えていく姿勢を保つことが重要です。

第4章　子育て支援

3 地域の保護者等に対する子育て支援

（1）地域に開かれた子育て支援

ア　保育所は、児童福祉法第48条の4の規定に基づき、その行う保育に支障がない限りにおいて、地域の実情や当該保育所の体制等を踏まえ、地域の保護者等に対して、保育所保育の専門性を生かした子育て支援を積極的に行うよう努めること。

イ　地域の子どもに対する一時預かり事業などの活動を行う際には、一人一人の子どもの心身の状態などを考慮するとともに、日常の保育との関連に配慮するなど、柔軟に活動を展開できるようにすること。

（2）地域の関係機関等との連携

ア　市町村の支援を得て、地域の関係機関等との積極的な連携及び協働を図るとともに、子育て支援に関する地域の人材と積極的に連携を図るよう努めること。

イ　地域の要保護児童への対応など、地域の子どもを巡る諸課題に対し、要保護児童対策地域協議会など関係機関等と連携及び協力して取り組むよう努めること。

• 解 説 •

「3　地域の保護者等に対する子育て支援」の改正のポイントは、大きく、地域の保護者等に対する子育て支援（以下、地域子育て支援）においても保育所保育の専門性を活かして行うことが示されたこと、「地域の子育ての拠点としての機能」とその具体的項目が削除されたこと、保育所において一時預かり事業等を行う際の留意点が明記されたことがあげられます。

「（1）地域に開かれた子育て支援」では、従来どおり、保育に支障がない限りにおいて、地域の実情や当該保育所の体制等をふまえて行うとされています。一方で、改正前に示されていた「地域の子育ての拠点としての機能」とその具体的項目は削除されました。これは、地域の状況によってその保育所に求められる地域子育て支援の役割が大きく異なるためです。例えば、地域子育て支援を担える

資源は保育所しかないという地域もあるでしょう。

　一方で、保育所が地域子育て支援を担わなくても、いくつもの活動団体等が子育て支援を行っているという地域もあります。保育所には、地域子育て支援の役割を担うのか、ほかの資源にゆだねるのか、また保育所が地域子育て支援の役割を担う場合は、その地域で必要な役割は何かを地域の状況に応じて吟味し取り組むことが求められます。

　地域において必要な場合は、保育所が交付金を受託して「地域子育て支援拠点事業」に取り組むことも可能です。ただしその場合は、「地域子育て支援拠点事業実施要綱」に基づいて地域子育て支援に取り組むことが義務づけられています。また、保育所で「一時預かり事業」を実施する際は、日常の保育内容との関連を考慮するとされています。

　「（２）地域の関係機関等との連携」では、改正前と同様に地域子育て支援の展開における地域の資源との連携等と、要保護児童対策地域協議会等との連携・協力が示されています。ただし、前者においては、地域の関係機関等と連携および「協力」は「協働」に、地域の人材の「活用」は「連携」に改められました。これは、保育所とほかの専門機関や活動団体、地域の人々は対等な関係にあり、その関係性を意識しながら子育て支援に取り組むことの重要性が示されたと考えられます。

> **実践の工夫**

　保育所の地域子育て支援においては、保育所保育の専門性を活かして行うとされています。ただし、子どもを最優先にして考案された保育所保育の専門性や特性は、家庭の子育てに活用できないものも多くあります。ですから、家庭の子育てと保育所保育の違いを理解したうえで、家庭の子育てを支えるために、保育所保育の専門性や特性をどのように活かすのか、十分な検討が必要です。

　保育所保育の専門性は、子育て支援の取り組みを背後から支えるように機能します。例えば、「園庭開放で親が子どもを見ない」状態に対して、批判的にみるだけでは専門性の発揮(はっき)とはいえません。園庭開放に訪れる子どもの発達段階、親と子それぞれのニーズと特性を把握したうえで、園庭の環境構成、時間設定等を検討します。そして、その子の専門家である親の立場を尊重しながら、その子にとって何が必要かをともに考える関係をつくり、その環境をともにつくっていくことが、本来の保育士等の専門性の発揮といえるのです。

第 5 章

職員の資質向上

　第1章から前章までに示された事項を踏まえ、保育所は、質の高い保育を展開するため、絶えず、一人一人の職員についての資質向上及び職員全体の専門性の向上を図るよう努めなければならない。

1 職員の資質向上に関する基本的事項

(1) 保育所職員に求められる専門性

　子どもの最善の利益を考慮し、人権に配慮した保育を行うためには、職員一人一人の倫理観、人間性並びに保育所職員としての職務及び責任の理解と自覚が基盤となる。
　各職員は、自己評価に基づく課題等を踏まえ、保育所内外の研修等を通じて、保育士・看護師・調理員・栄養士等、それぞれの職務内容に応じた専門性を高めるため、必要な知識及び技術の修得、維持及び向上に努めなければならない。

(2) 保育の質の向上に向けた組織的な取組

　保育所においては、保育の内容等に関する自己評価等を通じて把握した、保育の質の向上に向けた課題に組織的に対応するため、保育内容の改善や保育士等の役割分担の見直し等に取り組むとともに、それぞれの職位や職務内容等に応じて、各職員が必要な知識及び技能を身につけられるよう努めなければならない。

・解説・

　職員の資質向上に関して、最も大きな変更点は、「第1章　総則」の「1　保育所保育に関する基本原則」の「(1) 保育所の役割」のエに「その職責を遂行するための専門性の向上に絶えず努めなければならない」と明記されたことです。この主語は「保育所における保育士」です。このような記述の変更は、保育士等一人ひとりの資質向上が、その職責を遂行するために欠かせないものであることを強調するものです。

　「第5章　職員の資質向上」の「1　職員の資質向上に関する基本的事項」の「(1) 保育所職員に求められる専門性」にある「自己評価に基づく課題等を踏まえ」という文言は、自己評価を行い、職員一人ひとりが自らの課題を明確にすることを前提にしています。また「保育士・看護師・調理員・栄養士等」と、職務内容に分

けた記述になったことも、それぞれの専門性を区別したうえで、その向上を求めるようになったといえるでしょう。さらに「必要な知識及び技術の修得、維持及び向上に努めなければならない」は、具体的に何をすべきかに言及しています。

注目したいのは、「修得、維持及び向上」という点です。これは、未修得の段階、過去に修得したがそのままになっており、低下してきている段階、低下はしていないが、昔に修得したときと同じ段階、の３段階を想定しています。いずれの段階でも、不十分だと述べているのです。確かに、昨今のように制度が矢継ぎ早に変わる時代においては、まずは知識や技術を修得する努力、次はそれを維持する努力、さらにそれを向上させる努力が求められて当然でしょう。

「（２）保育の質の向上に向けた組織的な取組」は、新しく付け加えられた部分です。これまでも「保育所全体の保育の質の向上を図るため」という表現は使われていましたが、「組織的」対応については言及されていませんでした。具体的には、「保育士等の役割分担の見直し」「それぞれの職位や職務内容等に応じて、各職員が必要な知識及び技能を身につけられるよう」にすることが努力義務として課されるようになりました。ここでは、「職位」という２文字に注目します。これまで多くの保育所には、保育士等、主任、園長など３段階程度の職位しかありませんでしたが、保育士等と主任の間に新たな職位を設けることが求められるようになったのです。また「身につけられるよう」という受け身的な表現にも目を向けておきましょう。主語は「保育所」です。

• 実践の工夫 •

　保育士等としてまず行いたいのは、自己評価です。市販されているチェックリストをつけてみるのも1つの手段です。日々の振り返りを書き留めておいて、それを俯瞰して課題を探すのもよいでしょう。いずれにしても、自らの課題を意識することがスタートです。

　次は、課題に応じた研修です。課題解決につながる園外研修があれば、それに参加するのもよいでしょう。適当な園外研修がない場合は、園内研修を計画する必要があります。主任や園長に尋ねたり、研修会を開いたり、園内公開保育を実施するのもよいでしょう。いずれにしても、その研修が記録として残ることが、知識および技能の修得、維持、向上に努めた証拠となります。

　保育所としては、職階づくり、園務分掌の作成・見直し等が求められます。職階としては、副主任、専門リーダーなどが例示されています。ここで推奨したいのは、トップダウンで決めるのではなく、職員間の話し合いを重視することです。話し合いが共通理解を生み、助け合いや協力体制の構築につながります。

2 施設長の責務

（1）施設長の責務と専門性の向上

　施設長は、保育所の役割や社会的責任を遂行するために、法令等を遵守し、保育所を取り巻く社会情勢等を踏まえ、施設長としての専門性等の向上に努め、当該保育所における保育の質及び職員の専門性向上のために必要な環境の確保に努めなければならない。

（2）職員の研修機会の確保等

　施設長は、保育所の全体的な計画や、各職員の研修の必要性等を踏まえて、体系的・計画的な研修機会を確保するとともに、職員の勤務体制の工夫等により、職員が計画的に研修等に参加し、その専門性の向上が図られるよう努めなければならない。

• 解説 •

施設長の責務 → 専門性の向上

→ 当該保育所における保育の質、職員の専門性向上のため必要な環境の確保

↓
・法令で求められているが園で実施していないことを明らかにする
・園内研修

　「施設長の責務」で最も大きな変更点は、留意事項ではなくなったことです。これまでは、「施設長は、保育の質及び職員の資質の向上のため、次の事項に留意するとともに、必要な環境の確保に努めなければならない」として、留意事項が3つ記されていました。それが「(1) 施設長の責務と専門性の向上」と「(2) 職員の研修機会の確保等」という2つのタイトルのもとにまとめられました。一般に、留意事項に留意した証拠は求められませんでしたが、今後は実施した証拠や努力した証拠が求められる可能性があります。

　実施義務になった点は、次の2つです。
① 保育所の役割や社会的責任を遂行するために、法令等を遵守すること
② 保育所の全体的な計画や、各職員の研修の必要性等をふまえて、

体系的・計画的な研修機会を確保すること
また、努力義務になった点は、次の2つです。
① 保育所を取り巻く社会情勢等をふまえ、施設長としての専門性等の向上に努め、当該保育所における保育の質及び職員の専門性向上のために必要な環境の確保に努めること
② 職員の勤務体制の工夫等により、職員が計画的に研修等に参加し、その専門性の向上が図られるよう努めること

実施義務に対しては、具体的には次のようにすることが求められます。まずは、保育所として遵守すべき法令等を1つにまとめることです。国レベルについては『保育所運営ハンドブック』などにまとめられていますが、都道府県や市町村レベルの条例等をまとめておくことが必要です。単にまとめるだけではなく、遵守が必要です。具体的には、現在実施していることを法令に当てはめてみる、法令で求められているが保育所で実施していないことを明らかにする、実施していないことの実施計画を立てる、計画に基づき実施することが求められます。

体系的、計画的な研修機会の確保に関しては、まずは園内研修の時間を設定することです。週1回、あるいは月1回でもいいでしょう。担当年齢ごとに実施することも考えられます。次は、その時間に何を研修するかを決めることです。年間研修計画として、内容や担当を決めるとよいでしょう。研修では、アジェンダやレジュメ、資料等を配布することを決めておくと、実施した記録にもなります。

・実践の工夫・

　園内研修の計画として、園内公開保育、すなわちお互いに保育を参観し合うことを提案します。毎年、各年齢1回として、おおむね2か月に1回となります（混合クラスで実施も可）。公開する年齢を担当する保育士等は、クラス内で話し合って、公開日の指導案（これまでの子どもの様子、当日のねらい、遊びや活動の流れ、保育士等の援助や配慮事項等を含む）を早い段階で書き、前日にはほかの年齢の保育士等に配布します。また、個人としても当日のねらいや気をつけたいことを明記しておきます。

　参観する保育士等は、参観したい時間帯と「観るポイント」をそれぞれ申告し、各クラスで参観の順番や参観中の保育の体制を決めます。公開保育終了後は、担当した保育士等は反省や評価等を明文化し、参観した保育士等は参観記録をつけ、後日、カンファレンスを実施します。

　このような園内公開保育には、「保育を開くこと」の効果に加えて、各保育士等がすべての年齢の子どもの姿を見られるという利点があります。

3 職員の研修等

（1）職場における研修

　　職員が日々の保育実践を通じて、必要な知識及び技術の修得、維持及び向上を図るとともに、保育の課題等への共通理解や協働性を高め、保育所全体としての保育の質の向上を図っていくためには、日常的に職員同士が主体的に学び合う姿勢と環境が重要であり、職場内での研修の充実が図られなければならない。

（2）外部研修の活用

　　各保育所における保育の課題への的確な対応や、保育士等の専門性の向上を図るためには、職場内での研修に加え、関係機関等による研修の活用が有効であることから、必要に応じて、こうした外部研修への参加機会が確保されるよう努めなければならない。

- 解 説 -

```
      実際の保育を              保育所全体の
      職員が参観               課題をテーマに
                  学び合う職場    研修、事例検討会
                  コミュニティ

  ・外部研修           ・保育所内で共有
  ・ほかの保育所の視察    ・保育所の質向上
```

　指定保育士養成施設の卒業または保育士試験で保育士資格を取得し、保育の仕事に就いたとしても、それですべての仕事を完全に遂行できるわけではありません。すなわち、保育士等になるまでに身につけてきた知識・技能は未完成であり、それらは常に向上の途上にあるということが研修の意義の前提となっています。

　初任に限らず、経験年数を積んだ保育士等であっても、仕事を続けるなかで直面する課題があります。研修や自己研鑽は、それらの解決を図りながら自らの専門性を向上させていく、いわば専門職としての成長の過程を後押しするものです。

　保育指針では、職員の主体的な参加や対話、そして職員全体の共通理解と協働性を重視しています。換言すれば、「学び合う職場コミュニティ」とも呼べるようなお互いの関係性を築いていくことによって、保育の質の向上を図るということです。

　職場における研修では、話し合われるテーマは大きく2つに分け

第5章　職員の資質向上

られます。1つは、自身や同僚の保育の実践事例をテーマとするものです。実際の保育を職員が参観したり、実践をもとに話し合ったりして、保育の内容や方法のあり方を検証します。これは、実践者のみならず、参観者にとっても日頃の保育の振り返りにつながる機会となります。

　もう1つは、保育所全体の課題をテーマとするものです。保育所の全体的な計画の見直しを通して見えてきた職場の課題について、優先度の高い事項からその解決を目的とした研修を実施したり、事例検討会（ケースカンファレンス）を行ったりします。コンプライアンスやリスクマネジメントなど、その時代を反映したタイムリーなテーマも取り入れながら、職場全体として、研修の充実を図っていくことが大切です。

　外部研修としては、自治体、保育関係団体、指定保育士養成施設等など、主催する関係機関は多様です。開催の形態も多様であり、単発の研修、1つのテーマで複数回連続で行われる研修、複数のプログラムによって1つのコースが構成されている研修などがあります。また、職位・階層別など、対象を分けて実施される研修もあります。近年、保育人材の質の確保の観点から、保育実習の指導を行う保育士等を対象とした研修も行われています。保育士等の専門性並びに保育の質の向上を図るために、このような外部研修、あるいはほかの保育所の視察等を積極的に取り入れていくことが大切です。

　外部研修の意義は、自らの課題意識に基づき自ら学んで向上しようとする気持ちと、職場側のその人の成長への期待との接点において成立するものです。外部研修に参加した職員が主体的に学び、そこで得た知識や技能を保育所内で共有し合っていくことは、自身の成長と同時に、保育所の質向上にとって重要となるものです。学び合う職場コミュニティの形成は、その保育所における職員の次の世代を育成するうえでも大きく影響するといえます。

・実践の工夫・

　職場で研修を行うにあたっては、内的な要因と外的な要因があると考えられます。内的要因は、職場における課題解決の必要性です。外的な要因は、第三者評価を受審したり、学会や研究大会等で事例発表を行うなどの要因です。

　いずれの要因も施設長のリーダーシップが大きく作用するものであり、必要に迫られていたり、課題解決の優先順位が決められて実施される場合が多いです。しかし、これらの要因を契機に、保育の内容や方法等の振り返りが行われ、改善することにつながっていきます。重要なのは、その過程において、職員会議の頻度が多くなることです。施設長の考えや職員の考えをお互いに理解し合いながら、職場のよいところと課題を再発見することで同僚性の意識が強くなるのです。ここで保育の夢を語り合うのもいいでしょう。

　研修は、「この保育所に勤める保育士等」という、一人ひとりのアイデンティティの形成にとっても大きな効力をもっています。研修では「やらされ感」を払拭し、結果として自身にとっても職場にとっても身になったと実感できるような取り組みとその心構えが肝要です。

研修の実施体制等

(1) 体系的な研修計画の作成

　保育所においては、当該保育所における保育の課題や各職員のキャリアパス等も見据えて、初任者から管理職員までの職位や職務内容等を踏まえた体系的な研修計画を作成しなければならない。

(2) 組織内での研修成果の活用

　外部研修に参加する職員は、自らの専門性の向上を図るとともに、保育所における保育の課題を理解し、その解決を実践できる力を身に付けることが重要である。また、研修で得た知識及び技能を他の職員と共有することにより、保育所全体としての保育実践の質及び専門性の向上につなげていくことが求められる。

(3) 研修の実施に関する留意事項

　施設長等は保育所全体としての保育実践の質及び専門性の向上のために、研修の受講は特定の職員に偏ることなく行われるよう、配慮する必要がある。また、研修を修了した職員については、その職務内容等において、当該研修の成果等が適切に勘案されることが望ましい。

・解 説・

　今回の改正において、「初任者から管理職員までの職位や職務内容等を踏まえた体系的な研修計画」の作成は遵守事項とされました。したがって施設長は、全体的な計画等をふまえて具体的な研修計画を作成しなければなりません。

　注目したいことは、今回はじめて、「各職員のキャリアパス等も見据えて」研修計画の作成が求められたことです。キャリアパスとは、昇進・昇格のモデル、あるいは仕事上の経歴における目標（ゴール）までの道筋ともいわれるものです。類語には、「キャリアラダー」「キャリアアップ」があり、一人の人生の観点からみれば、自らの経験年数を積み上げながら職務上の専門性を高め、職位を上げていくことがキャリアパスです。

　研修計画の作成には、一人ひとりの個別の研修計画と保育所全体

の研修計画の2通りがあります。前者は、職員一人ひとりのもつ資質や専門性を把握するとともに、本人の意向やライフステージ、組織としての長期的な展望などを考慮する必要があります。また、後者は、保育所全体としての質の向上を見据える必要があります。その意味で、研修計画は管理者が一方的に決めるというよりは、職員一人ひとりの学ぶ意欲を尊重しながら、職員とともに組織的に作成することが望ましいといえます。

　各都道府県では、「保育士等キャリアアップ研修ガイドライン」をふまえ、職務内容に応じた専門性を図るための研修が整備されることになっています（「保育士等キャリアアップ研修の実施について」(2017（平成29）年4月1日))。ここでは、「専門分野別研修」として①乳児保育、②幼児教育、③障害児保育、④食育・アレルギー対応、⑤保健衛生・安全対策、⑥保護者支援・子育て支援が設けられ、これらは各専門分野に関してリーダー的な役割を担う者が受けることとされています。また、「マネジメント研修」は、主任保育士のもとでミドルリーダーの役割を担う者が受けることとされています。

　外部研修での学びは、参加した職員個人の専門性を向上させるだけでなく、保育所全体の保育実践の質および専門性の向上につなげていくために、保育所内で組織として活用することが重要です。報告会等の機会を設けて、研修の成果をほかの職員と共有できるようにするとともに、研修の成果が効果的に日々の保育実践につなげられるよう工夫することが望まれます。

　保育所では、初任者から経験を積んだ職員まで、年齢構成のバランスがとれ、職位・職責が一定の経験年数と実績をもとに設定されていることが望ましいといえます。それは、その保育所の文化を継承していく意味でも大切なことです。今回の保育指針では、「研修を修了した職員については、その職務内容等において、当該研修の

成果等が適切に勘案されることが望ましい」とされています。施設長など職員の人事配置を担当する立場の人は、研修の実績、資質、能力等に応じて適切な人事配置を行うことが重要です。

　このことは、職場において若手の保育士等が次のポジションをめざす仕事上のモデルがつくられるということです。つまり、研修等による専門性の向上とそれにともなう職位・職責の向上とが同時に図られることは、保育士等が自らのキャリアパスについて見通しをもって働き続けるうえで重要であり、ひいては保育所全体の保育実践の質の向上にもつながるものです。

4 研修の実施体制等

> ・実践の工夫・

　研修に参加した職員は、一般的には「復命書」等を施設長（上司）に提出しますが、研修で学んだ知識や技能をほかの職員に報告したり、勉強会を開いたりして、本人はもとより、ほかの職員にも有効な情報となって日々の保育に活かされることが望ましいといえます。職員全員が出席できる会議の設定が難しいこともあるため、報告書を回覧したり、保育所内の共有フォルダなどに保管して、いつでも誰でも見られるような環境をつくるなどの工夫も必要となります。

　保育所では、職員一人ひとりの研修履歴を作成したり、研修のポイント累積制度を作成するなどして、これらを職員の経験年数と併せて職位を上げる判断基準とするような活用も考えられます。今後は、新卒ではない職員を採用する際にも、これまでの研修の受講履歴が尊重されるしくみも必要になってきます。また、保育所がこのような研修を通して職員の専門性の向上に努めていることを保護者にも理解してもらうような情報の発信も重要になってくるでしょう。❖

参考文献：石川昭義・小原敏郎編著『保育者のためのキャリア形成論』建帛社，2015．

補 章

「幼保連携型認定こども園教育・保育要領」改正のポイント

ポイント① 2歳から3歳への移行の配慮
（小規模保育施設からの移行も含む）

・解 説・

幼保連携型認定こども園 2歳児クラスから3歳児クラスへの移行

発達と生活の連続性を考慮して、柔軟に段階的に対応する。
▷ 不安を和らげ、安心感や期待を高める。
▷ 一人一人の子どもにきめ細かく対応する。

新入園児と進級児の段階的な合流

2歳児クラスだった保育者の配置	小規模保育施設等との連携	一時預かり等で園に親しむ
2歳児クラスからの進級児	小規模保育施設等からの新入園児	家庭からの新入園児

　幼保連携型認定こども園（以下、こども園）は、3歳未満の子どもに対する保育と、満3歳以上の子どもに対する教育並びに保育を行う施設です。そのため3歳児の学級では、3歳未満からこども園に通い進級する子どもと、3歳から新たに入園する子どもとが同じクラスになります。また、新たに入園する子どもには、3歳までを家庭で過ごし入園する子どももいれば、3歳までを小規模保育施設や家庭的保育（保育ママ）で過ごしてから入園する子どももいます。
　近年は待機児童対策として、都市部では小規模保育施設や家庭的

保育で3歳まで保育を受ける子どもが増えており、それらの保育施設等と3歳以降に入園する保育施設との接続・連携が課題になりつつあります。ですから、こども園における2歳児クラスから3歳児クラスへの移行にあたっては、入園する子どもの保育歴や保育経験の多様性も考慮して、進級児、家庭からの入園する子ども、ほかの保育施設等からの入園する子どもそれぞれに応じた配慮が必要となります。

　こども園における2歳から3歳への移行における配慮では、進級や入園にともなう戸惑いや不安を和らげるとともに、進級や入園に対する子どもや保護者の期待や安心感を高めることが重要となります。また、一人ひとりの子どもの特性を理解して、きめ細かく対応できるための工夫が必要です。

　具体的な観点としては、クラス規模が大きくなり保育教諭等に対する子どもの人数が増えることや、はじめての集団生活を経験すること、生活経験等の異なる園児がともに1つのクラスとなることへの配慮などがあります。いずれも、子どもの発達と生活の連続性を考慮して、柔軟に段階的に対応することが求められます。

　これらの配慮は、3歳児クラスに進級・入園してからだけでなく、2歳児クラスや入園前から行うことで、子どもや保護者、保育教諭等にとって無理のない円滑な移行を生み出していくことができます。

ポイント① 2歳から3歳への移行の配慮（小規模保育施設からの移行も含む）

・実践の工夫・

　2歳児クラスから3歳児クラスへの移行の配慮の実践例としては、各こども園の実情に応じつつ、次のようなことがあげられます。

・進級児に対しては、2歳児クラスの後半の時期から3歳児クラスとの交流を増やす。
・2歳児クラスの担任だった保育教諭等のうち、最低1名を3歳児クラスや学年に配置する。
・環境や保育内容での連続性に配慮し、2歳児クラスで慣れ親しんだ遊具や活動を進級後の3歳児クラスでも取り入れる。
・3歳児クラスのはじめの時期は、進級児と新入園児それぞれにとって無理のないように、実態に応じて異なる生活リズムや空間で過ごし、徐々に一緒に過ごせるように合流するなどの工夫を行う。
・新入園児のうち、家庭からはじめて保育施設に入園する子どもに対しては、入園前から一時預かりや親子登園などの機会を通してこども園の環境や活動に慣れ親しめるようにする。
・小規模保育施設などから移行してくる子どもに対しては、入園前から情報交換や行事への参加などを行い、保育所児童保育要録のような記録による引き継ぎを行うなどの連携を図るようにする。

多様な在園児の配慮
（一日の保育時間、通園期間等の違い）

・解説・

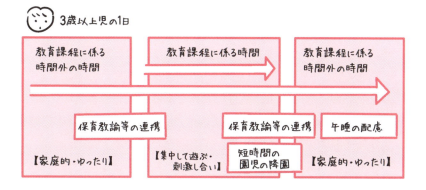

　こども園では、3歳未満の保育を必要とする子どもと3歳以上の子どもがともに生活し、在園時間や通園期間の多様な子どもたちが存在します。そのため、子どもたちの一日の在園時間や通園期間の違いをふまえた配慮が必要です。その場合、活動と休息、緊張感と解放感などのメリハリと調和を図り、生活の流れや環境のあり方が、子ども一人ひとりにとって負担のない自然なものとなるようにする必要があります。

　在園時間の違いをふまえた配慮に関して、3歳以上児では、こど

多様な在園児の配慮(一日の保育時間、通園期間等の違い)

　も園で過ごす時間が短時間の子どもと長時間の子どもが同じクラスにいることから、「教育課程に係る教育時間」と「教育課程に係る教育時間外の時間」との区切りや関連、連続性を意識することが重要です。

　「教育課程に係る教育時間」では学級担任が計画的に環境や教材を工夫し、子どもたちが集中して遊ぶとともに、互いに刺激し合いクラス全体の活動が豊かになるようにします。その際は、「教育課程に係る教育時間外の時間」における活動内容や時間の流れなども考慮する必要があります。

　一方で「教育課程に係る教育時間外の時間」では、家庭的な雰囲気で安心感をもってゆったりと過ごせるような配慮が必要となります。さらに、「教育課程に係る教育時間外の時間」を過ごす子どものなかでも、その時間の長さに違いがあることもふまえ、一人ひとりの子どもの生活の仕方とリズムについてよりていねいに把握し、保育教諭等間で連携を図ることが必要となります。

　こども園では、夏休みや冬休みなどの長期休業期間において、登園する子どもと、登園せずに家庭や地域で過ごす子どもがいます。ですから、長期休業期間における体験の違いが子どもの間に生じることをふまえ、子どもや保護者に対する配慮が必要となるのです。その際、家庭や地域の実態は各こども園で異なることから、実態に応じた配慮を工夫することが必要です。具体的には、長期休業中に行うこども園の活動への参加を呼びかけることや、その情報を家庭に提供することなどがあります。また、長期休業の後、再びすべての子どもが登園してともに生活する際に、休業中のそれぞれの体験が保育に活かされるようにし、多様な通園期間の子どもが生活し合うこども園の特色を高めるようにします。

・実践の工夫・

　多様な在園時間の子どもがともに生活することへの配慮の実践例としては、次のようなことがあげられます。

・こども園で長時間過ごす子どもの生活リズムの要となる午睡では、安全で心地よい午睡環境を確保し、家庭生活も含めた一日全体の生活リズムや体力、発達などによる個人差をふまえて、一律ではなく柔軟に対応するようにする。

・先に降園する子どもと保護者の姿を目にすることで、長時間過ごす子どもが寂しさや不安を感じる可能性に配慮し、短時間で帰る子どもと降園時間や場所などを工夫する。

・「教育課程に係る教育時間外の時間」が長くなるにつれて、活動場所や一緒に過ごす子ども、担当の保育教諭等が変化する場合には、その変化が子どもにとって無理のない、不安や動揺を感じないものにする。そのためには、各時間帯を担当する保育教諭等の間の連携が不可欠である。

・登園する子どもと登園しない子どもがいる長期休業中の配慮としては、子どもの体験が豊かになるように、地域の人的・物的資源を活かしたその季節や地域ならではの活動を計画する。

多様な在園児の配慮(一日の保育時間、通園期間等の違い)

・長期休業中の行事的な活動では、登園しない子どもや保護者も一緒に参加できるようにしたり、長期休業中にこども園で行った活動や子どもたちの様子について、こども園だよりなどで情報提供したりする。

環境を通して行う教育及び保育

・解説・

　幼保連携型認定こども園教育・保育要領では、「第1章　総則」の「幼保連携型認定こども園における教育及び保育の基本」において、こども園の目的および目標を達成するために、「乳幼児期全体を通して、その特性及び保護者や地域の実態を踏まえ、環境を通して行うものであることを基本」とするとあります。そのためには、子どもが安心感と信頼感をもっていろいろな活動に取り組むこと、子どもの主体的な活動を促し、乳幼児期にふさわしい生活が展開されるようにすること、遊びを通して保育内容の5領域を総合的に指

ポイント3 環境を通して行う教育及び保育

導すること、子ども一人ひとりの特性や発達の過程に応じた指導をすることを重視して、教育および保育を行わなくてはなりません。

また、「環境を通して行う教育及び保育」では、幼児が身近な環境に主体的にかかわって生み出される活動を豊かに展開する必要があるため、保育教諭等は教材を工夫し、計画的に物的・空間的環境を構成する必要があります。この教材や環境の工夫が、子どもが活動に夢中になったり、挑戦したりする程度やその活動を通しての学びの質に大きな影響をおよぼします。特に教材に関しては、保育教諭等が日常的、継続的に研究を行うことが重要です。その際には、子どもの発達や興味・関心などに応じつつ、教育および保育のねらいを踏まえて、必要な遊具や用具、素材等を検討する必要があります。

また、対象と多様なかかわりをする乳幼児期の子どもの場合、あらかじめ教材としては意識していなかったものが、子どもの活動のなかで教材としての意味をもつことも多くあります。そのため教材研究は、子どもの活動の進行や深まりとともに、それらに応じながら進めることが必要となります。

• 実践の工夫 •

　こども園における「環境を通して行う教育及び保育」は、子どもの一日の生活全体を見通した指導計画のもとで行われる必要があります。「教育課程に係る教育時間」または「教育課程に係る教育時間外の時間」のいずれの時間帯においても、子どもが興味・関心をもってかかわれる環境や教材を計画的に構成・準備することが必要です。そのため、「教育課程に係る教育時間は、同年齢児と集中して活発に」「教育課程に係る教育時間外の時間は、異年齢児も含めて家庭的な雰囲気でゆったりと」というような、各時間の特色を意識し、各時期のねらいにも即しつつ、環境や教材を具体的に検討する必要があります。

　また、3歳以上児では、「教育課程に係る教育時間」と「教育課程に係る教育時間外の時間」の活動内容の区切りやつながりに関して、保育教諭等の間での共通理解と連携が必要となります。具体的には、「教育課程に係る教育時間」の遊びの続きを、それに連なる「教育課程に係る教育時間外の時間」で子どもが行いたいと言ったり、その逆に「教育課程に係る教育時間外の時間」で遊んだ遊具を「教育課程に係る教育時間」にも使いたいと言ったりした場合の対応も

ポイント3 環境を通して行う教育及び保育

検討する必要があります。

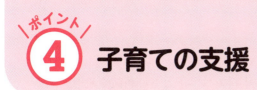

ポイント ④ 子育ての支援

・解 説・

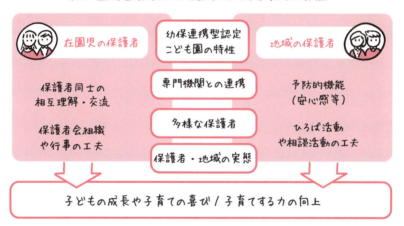

　子育てに負担感や孤立感を感じる保護者は多く、子育てを取り巻く状況にはさまざまな課題があります。こども園が地域の保育・幼児教育のセンター的な機能をもち、在園児の保護者、地域の保護者を問わず「こども園があるから安心して子育てできる」と地域の保護者に感じてもらえる存在となることが今後いっそう必要です。こども園が行う子育て支援には、在園児の保護者に対する子育ての支援と地域の保護者に対する子育ての支援があり、両方の子育ての支援が義務づけられています。

ポイント④ 子育ての支援

　こども園における子育ての支援では、子どもの利益を最優先するとともに、保護者や地域が子育てする力を向上させていくことが重要です。そのためには、保護者との信頼関係を築き、その自己決定を尊重することや、保育教諭等の専門性や園環境などを活かして、保護者が子どもの成長の実感や子育ての喜びを得られるようにすることなどに留意する必要があります。また、家庭や地域の実態やニーズをふまえ、こども園の特色なども活かして、その園や地域の保護者にとって有効な子育ての支援の内容や方法を工夫することも重要です。

　こども園の保護者は就労の有無や形態、生活形態などが多様であることから、在園児の保護者に対する支援では、それらの多様な背景をもつ保護者同士が理解し合い、交流が深められるような工夫が必要です。多様であるからこそ、子育ての仕方や子どもの見方などについて新しい気づきを得たり、自分の子育ての幅を広げたりできる点を強みと考え、活かすことが重要となります。

　一方、地域の保護者に対する支援では、保護者のニーズや状況が在園児の保護者以上に多様であることもふまえ、それらを把握しながら、地域の専門機関と連携して相談等の機会をつくるようにする必要があります。「相談」というと敷居が高く感じ、身構えてしまう保護者もいることから、身近な場所で気軽に相談できる場や機会を設けることが重要となります。その際には、予防的機能を重視し、日常のさりげない会話や活動を通して、保護者が安心したり、日々のストレスを和らげたりできるような保育教諭等のかかわりが重要となります。

・実践の工夫・

　在園児の保護者の子育ての支援では、保育時間や日数の多様さと保育教諭等の勤務体制との兼ね合いを調整しつつ、保育教諭等が保護者と日常的に接する機会を確保したり、保護者を支援するうえで必要な情報共有を保育教諭等の間で行ったりします。また、保護者組織のあり方や保護者参加の行事等については、多様な就労形態等の保護者の理解と納得を得ながら進めます。

　具体的には、就労形態なども考慮した保護者会組織の活動や、行事の日程調整などを行います。その際、多様な背景をもつ保護者がいるこども園のよさを活かし、就労形態等の異なる保護者同士が交流できるような工夫をする必要があります。

　地域の保護者に対する支援では、気軽に気がねなく地域の親子が参加できるような時間や内容等を検討します。地域の親子が集うひろば活動と保護者の悩みを受け止める相談活動を分けるのではなく、ひろば活動のなかに、保健師やカウンセラーが参加し、保護者と歓談しながら相談にも応じるなどの工夫があります。また、こども園における子育ての支援に関する活動を広く地域に知らせる広報活動の工夫も必要です。

執筆者一覧

馬場耕一郎	聖和短期大学准教授、元厚生労働省保育指導専門官	序文
大方美香	大阪総合保育大学教授	第1章
髙木早智子	花園第二こども園園長	第2章1・2
竹内勝哉	秋和保育園副園長	第2章3・4
和田紀之	和田小児科医院院長	第3章1
堤ちはる	相模女子大学教授	第3章2
松井剛太	香川大学准教授	第3章3
千葉武夫	聖和短期大学学長	第3章4
橋本真紀	関西学院大学教授	第4章
清水益治	帝塚山大学教授	第5章1・2
石川昭義	仁愛大学教授	第5章3・4
砂上史子	千葉大学准教授	補章

(2018年1月31日現在)

現場に活かす
保育所保育指針実践ガイドブック

2018年3月20日　初　版　発　行
2018年6月15日　初版第2刷発行

監　修　　社会福祉法人日本保育協会
発行者　　荘村明彦
発行所　　中央法規出版株式会社
　　　　　〒110-0016　東京都台東区台東3-29-1　中央法規ビル
　　　　　営　業　Tel 03(3834)5817　Fax 03(3837)8037
　　　　　書店窓口　Tel 03(3834)5815　Fax 03(3837)8035
　　　　　編　集　Tel 03(3834)5812　Fax 03(3837)8032
　　　　　https://www.chuohoki.co.jp/

印刷所　　　　　　　　株式会社太洋社
装丁・本文デザイン　　澤田かおり（トシキ・ファーブル）
イラスト　　　　　　　オフィスシバチャン

定価はカバーに表示してあります。
ISBN978-4-8058-5637-6

本書のコピー、スキャン、デジタル化等の無断複製は、著作権法上での例外を除き禁じられています。また、本書を代行業者等の第三者に依頼してコピー、スキャン、デジタル化することは、たとえ個人や家庭内での利用であっても著作権法違反です。
落丁本・乱丁本はお取替えいたします。